심리 명리학

손예진 지음

도서
출판 中道

인생길을 걸어가다 보면 엎어지고 넘어지는 때가 있다.
그때 내 안의 누군가가 이렇게 물어온다.

'사는 것이 얼마나 행복하냐고.'

젊은 시절 내가 읽었던 많은 책에는 사는 것을 지구라는 별에 소풍 오거나 놀러 온 것으로 비유했었다. 그 구절을 볼 때마다 이 세상에 놀러 온 거니까 즐겁고 재미나게 살다 가자는 생각을 했었다.

그런데 반백 년이라는 시간을 지나오면서 어쩌면 그 말이 정답이 아닐 수도 있다는 생각이 들었다.

소풍은 가슴 들뜨고 기다려지는 즐거운 일인데, 소풍을 왔다는 사람들의 삶이 그리 녹록지 않아 보이니 말이다. 먹고살기 위해 새벽부터 치열하게 하루를 시작해야 하고, 수시로 찾아오는 병마와 맞서 싸워야 하고, 집집마다 저마다의 사연을 끌어안고 가슴앓이를 하는 등 소풍 장소에서 맞이할 일이라고 하기에는 너무나 버거운 일들의 연속이다.

놀러 온 사람들 입에서 "웃을 일이 있어서 웃는 게 아니라 웃다 보니까 웃을 일이 생기더라."는 말이 나오는 것을 보면 분명 내가 모르는 소풍의 비밀이 있을 것 같았다.

한평생 일 많고 탈 많은 지구의 삶이 소풍 온 것이라면 도대체 저 세상에는 얼마나 힘이 드는 일이 기다리고 있는 것일까? 혹시 우리 모두 소풍 장소를 잘못 알고 온 것은 아닐까?

잘못 알고 왔다기에는 너무 많은 사람들이 단체로 온 것 같은데 말이다.

삶의 궁극적인 물음에 대한 답을 찾아다니던 어느 날 이런 글귀를 만나게 되었다.
'지구는 죄지은 사람들의 감옥이고, 사람들은 그 감옥에서 또다시 서로가 서로에게 죄를 지어 오랜 세월 감옥에서 벗어나지 못하고 끊임없이 윤회하는 것이다.'
이 구절이 생로병사(生老病死)로 짜여진 고단한 인생길에 대한 설득력 있는 설명으로 다가왔다. 어쩌면 감옥이라는 절망적인 단어가 더 희망을 줄 수도 있다는 생각을 했다.
소풍 온 이곳이 한평생 이토록 우여곡절이 많은 것을 보면 분명 그 너머에 있을 또 다른 세상은 지금보다 더 힘들지도 모른다는 두려움이 앞서지만, 감옥에 왔다는 전제조건이라면 이곳에서 형기를 마치고 나면 편안한 다음 세상으로 갈 수 있으니 말이다. 그러니 더는 죄짓지 말고 착하게 살면 되는 일이다.

사는 것이 얼마나 행복하냐는 물음에 무어라고 답할 것인가?
소풍 온 사람이라 행복하게 살다 가려 한다고 할 것인가?
아니면 이생에서는 감옥에서 벗어날 수 있는 기회를 얻었으니 행복하다고 할 것인가?
어느 답을 선택하든 또 다른 답을 하든 정답은 없는 것 같다.
행복은 우리 스스로 만들고 찾아내는 것이기 때문이다.
어쩌면 우리가 지구에 보내진 이유도 그 연유야 어찌 되었든 행복이라는 느낌을 만들고 찾아내고 전달하라는 신의 배려가 아닐까?

이 지구상의 삶은 한정된 공간에서 서로 부대끼며 살아갈 수밖에 없는 구조로 이루어져 있다. 생존을 위한 본능과 저마다의 색으로 점철된 기질과 성격을 가진 사람들과 살아가야 하는 것은 분명 힘든 일이다. 그래서 일이 힘든 것보다 인간관계 때문에 행복감을 잃어버리고 고통스러워하는 경우가 더 많다. 좋든 싫든 우리는 이번 생이 끝나는 날까지 이 지구상에 머물러야 한다.

서툰 글솜씨임에도 불구하고 세상에 이 책을 내어놓는 이유는 나와 너무나 다른 사람들과 한 공간에 머물면서도 행복감과 평온함을 유지하는 방법을 함께 찾아 나서기 위해서이다.

이 책은 명리학에 대한 기초지식이 전혀 없는 분들도 편하게 읽을 수 있도록 최대한 눈높이를 맞추려 노력하면서 작업에 임했다.

이 책의 마지막 장을 덮을 무렵, 이 책을 읽기 전과 조금은 달라진 자신을 만나기를 소망해 본다.

마지막으로 이 자리에 올 수 있도록 격려해주시고 도와주신 손중동 교수님, 김미순 선생님을 비롯해 오랜 시간 저를 위해 기도하고 응원해 주시는 선생님들께 감사의 인사를 올린다. 또 늘 변함없는 사랑으로 응원해주는 가족들에게도 감사의 마음을 전한다.

2023년 눈부시게 아름다운 5월
손예진 올림

Chapter 1

명리는
성격과 심리변화를
분석하는
도구이다

인간은 지구에 처음 발을 들여놓았을 때부터 열악한 환경 속에서 자손을 이어가고 주어진 운명을 개척하기 위해 하늘과 땅에서 펼쳐지는 자연 현상의 변화를 읽어내려고 노력하였다.

그러한 노력은 기록을 남기게 되었고, 그 기록들 속에 반복되는 규칙을 발견하고 그 규칙을 기호로 상징화한 것 중의 하나가 명리학이다.

명리학은 자연 질서에 따른 인간 명(命)의 이치를 실생활에 활용하는 학문이지만, 명리학을 단순히 점을 치는 술수로 생각하여 과학적 근거가 없는 믿음이라고 비판하는 이들이 많다. 이러한 편견은 명리학이 자연 현상 속에서 찾아낸 규칙을 바탕으로 이루어진 학문이라는 것을 알지 못하기 때문이다.

지구는 은하계의 한 행성이고, 그 행성 안에서 살아가는 인류의 탄생과 진화는 우주와 자연의 결과물이므로 그 현상의 범주에서 벗어날 수 없다. 명리학에는 이러한 현상을 설명해 줄 자연의 이치와 철학이 담겨있다.

명리학은 태어난 년 · 월 · 일 · 시를 천간(天干)과 지지(地支)라는 부호로 상징화하여 인간의 마음과 명운을 연구하는 학문이다.

사람들은 자신의 마음을 들여다보고 그 마음을 어떻게 닦아나가야 하는지 고민하기보다는 언제 돈을 많이 벌 것인지, 직장에서 승진할 수 있을지, 부동산을 팔지 말지, 우리 아이가 시험에 붙을 수 있을지, 결혼은 언제 할지 등 이러한 문제에 대한 해답을 찾는 것에만 명리학이 쓰인다고 생각한다.

물론 개인의 운명이 어떤 파도를 타는지 읽어내는 것도 명리학의 한 기능이다. 하지만 명리학은 근본적으로 인간의 마음을 연구하는 학문이다. 왜냐하면 길흉화복(吉凶禍福)의 결과를 가져오는 행동은 결국 마음에서 비롯되기 때문이다.

운명의 흥망성쇠(興亡盛衰)는 개인의 고유한 기질과 성격적 특성이 어떻게 작용해서 외부로 나타나고, 또 외부에서 들어오는 심리작용이 어떻게 사주팔자라는 구조에 작용하느냐에 따라 결정된다.

따라서 명리학을 활용하여 개인의 심리작용을 읽어낼 수 있다면 '나는 어떤 사람인지', '지금 내 마음이 왜 이렇게 불안한지', '저 사람은 왜 저렇게 행동하는지', '나와 맞지 않는 사람과 어떻게 한 공간에서 지낼 수 있는지' 등에 대한 해답을 찾아낼 수 있을 것이다.

또 운명이라는 거대한 파도에 휩쓸려 허우적거리는 것을 피할 수 있을 것이다.

개인의 심리를 명리학적으로 분석한 심리 명리학은 생년 · 월 · 일 · 시 정보를 도구로 활용하여 개인의 기질과 성격적 특성, 심리변화, 정신병리 등을 분석하여 인생을 리셋하는 학문이다.

사람은 누구나 자신만의 프레임으로 자신과 타인을 평가한다. 심리 명리학은 그러한 마음과 행동의 근원적인 원인을 파악하고, 각 개인의 특성에 맞는 감정코칭법과 상황 대처법을 배우는 학문이다.

심리 명리학의 기능을 살펴보면, 첫째, 자신을 객관적인 시각으로 바라봄으로써 자아 성찰의 기회를 마련한다. 둘째, 타인의 특성을 이해함으로써 나와 다름을 깨닫고 받아들이는 계기가 된다. 셋째, 시 · 공간의 변화에 따른 심리변화를 읽고 상황에 대처할 수 있다. 넷째, 타고난 재능과 잠재능력을 발견하고, 자신에게 맞는 진로를 선택함으로써 삶의 만족도를 향상시킨다.

나는 어떤 사람인가

'나는 어떤 사람인가'라는 질문을 받으면 대부분의 사람들은 눈만 깜빡거리는 상황을 맞이하게 된다.

우리는 하루를 살아내느라 자신이 누구인지, 무엇을 할 때 가슴이 뛰는지, 무엇을 좋아하고 무엇을 가장 싫어하는지, 어쩌다 이 자리에 왔는지, 지금 행복한지에 대한 물음들을 묻지 않고 무작정 앞으로 달려왔다.

세상은 이러한 물음을 물으라고 가르쳐준 적이 없다.

그리고 이런 물음 따위는 나중에 해도 된다고 생각한다.

언제?

행복해지고 난 다음에!

지금 이 책을 읽는 이유는 행복을 만드는 방법을 하나 더 알기 위해서이다. 그 첫발을 내딛기 위해서 반드시 해야 할 일이 '나는 어떤 사람인지' 생각해 보는 것이다.

나는 어떤 사람인가?

정말 괜찮은 사람이다,

꽤 괜찮은 사람이다,

보통이다.

형편없는 사람이다,

아주 형편없는 사람이다.

이 질문에 '정말 괜찮은 사람이다.'에 손을 드는 사람은 거의 없다. 물론 '꽤 괜찮은 사람이다.'에 손드는 사람도 많지 않다. '형편없는 사람이다.'도 거의 없고, '아주 형편없는 사람이다.'에 아주 가끔 장난으로 손을 드는 사람은 있지만 거의 없다.

대부분의 사람들은 '보통이다.'에 손을 든다.

우리는 우리 자신이 보통 정도의 사람은 된다고 생각하고 있다.

정말 괜찮다고 하기에는 겸손이라는 것을 갖추어야 하니까 할 수 없고, 꽤 괜찮은 사람이라고 하기에도 왠지 잘난체하는 것 같아 망설여진다. 마음은 꽤 괜찮은 사람이라고 말하고 싶지만 이런저런 눈치를 보자면 보통이라는 답이 가장 무난하다고 생각하는 것이다. 어찌 되었든 중간은 되어야 한다고 생각하는 것이 사람들의 일반적인 심리이기 때문이다.

이유야 어떻든 우리는 보통 이상의 사람이다.

그렇다면 다음 질문에 대한 답은 무어라 할 것인가?

보통 이상의 사람들이 모였으면
우리는 왜
인간관계로 힘들어하는 것일까?

그러게.
우리는 왜 인간관계로 힘들어할까?
모두가 보통 이상은 되는데 말이다.

이 물음에 대한 답을 찾다 보면 우리는 '나'라는 존재에 대해 잘 모른다는 것을 알게 된다.

몰라도 너무 모른다.

때로는 상대방이 속이 터져 뒷골을 잡고 넘어가도 자신은 순하고 착하고 고집이 없는 사람이라고 우긴다.

인간은 기본적으로 자기애(自己愛)를 품고 자기 합리화라는 거울을 들여다보기 때문에 객관적인 눈으로 자신을 바라보고 평가하기란 참으로 어려운 일이다.

그럼에도 불구하고 우리는 자신과 마주해야 하고, 그 마음을 미루어 타인의 마음을 이해하려고 노력해야 한다.

그래야 더불어 살아가는 삶의 지혜를 얻을 수 있기 때문이다.

사주팔자가 뭐지?

'천리 도망은 가도 팔자 도망은 못 간다.'라는 속담이 있다.

사람을 피해서 멀리 도망갈 수는 있어도 타고난 사주팔자는 피할 수 없다는 뜻이다.

그렇다면 사주팔자는 무엇을 말하는 것일까?

사주팔자는 태어난 년·월·일·시를 부호로 나타낸 것을 말한다.

만세력은 오른쪽에서 왼쪽으로 읽어가는데, 오른쪽 첫 번째 줄이 태어난 년, 두 번째 줄이 태어난 달, 세 번째 줄이 태어난 날, 네 번째 줄이 태어난 시간을 나타낸다.

〈표-1〉 사주팔자 구성도

〈표-1〉을 살펴보면, 태어난 년·월·일·시에 아래·위로 글자가 배치되어 있는데, 이 모습이 마치 하나의 기둥 같다고 해서 년주(年柱), 월주(月柱), 일주(日柱), 시주(時柱)라고 부른다.

기둥이 4개이기 때문에 넉 사(四)자와 기둥 주(柱)자를 사용해서 사주(四柱)가 된다. 즉 사주는 네 개의 기둥이라는 뜻이다.

네 개의 각 기둥에는 아래·위로 두 개의 글자가 배치되어 있어 전체적으로 여덟 개의 글자가 자리하고 있다.

따라서 여덟 팔(八), 글자 자(字)를 사용하여 '팔자'라고 부른다.

우리가 말하는 사주팔자란 큰 의미가 있는 것이 아니라 네 개의 기둥에 여덟 개의 글자가 배치되어 있다는 뜻이다.

년·월·일·시는 각각 아래·위로 나뉘어 조합을 이루는데, 위에 배치된 글자는 하늘의 기운이라 하여 천간(天干)이라 하고, 아래에 배치된 글자는 땅의 기운이라 하여 지지(地支)라고 한다.

일반적으로 이 둘의 뒷글자들만 따와서 간지(干支)라고 한다.

천간은 자연을 열 가지로 형상화한 것이고, 지지는 열두 동물로 이루어져 있다.

그 명칭을 살펴보면, 태어난 해인 년주에서 위에 글자가 있는 곳은 년(年)의 천간(天干)으로 년간(年干)이라 하고, 아래에 글자가 있는 곳은 년의 지지(地支)로 년지(年支)라고 한다.

태어난 달인 월주에서 위에 글자가 있는 곳은 월(月)의 천간(天干)으로 월간(月干)이라 하고, 아래에 글자가 있는 곳은 월의 지지(地支)로 월지(月支)라고 한다.

태어난 날인 일주에서 위에 글자가 있는 곳은 일(日)의 천간(天干)으로 일간(日干)이라 하고, 아래에 글자가 있는 곳은 일의 지지(地支)로 일지(日支)라고 한다.

태어난 시간인 시주에서 위에 글자가 있는 곳은 시(時)의 천간(天干)으로 시간(時干)이라 하고, 아래에 글자가 있는 곳은 시의 지지(地支)로 시지(時支)라고 한다.

사주팔자를 조금 더 이해하기 쉽게 아파트에 비유하면, 년주라는 동에 아래·위로 두 집이 살고, 월주라는 동에 아래·위로 두 집이 살고 있다. 또 일주라는 동에 아래 · 위로 두 집이 살고, 시주라는 동에도 아래 · 위로 두 집이 살고 있다.

동마다 두 집이 살고 있으니 네 개 동에는 모두 여덟 집이 살고 있는 것이다.

아파트 전체가 내가 가진 원래 성격이나 운명이라면 10년마다 새롭게 들어오는 대운은 또 다른 세대가 전세를 들어오는 경우이고, 해마다 들어오는 운은 월세를 들어오는 경우와 같은 것이다.

사주팔자 구성

시간	일간	월간	년간
정재	일간	편관	겁재
丙	癸	己	壬
辰	亥	酉	子
정관	겁재	편인	비견
시지	일지	월지	년지

木(0)　　火(1)　　土(2)　　金(1)　　水(4)

83	73	63	53	43	33	23	13	3	← 대운 수(數)
정관	편재	정재	식신	상관	비견	겁재	편인	정인	
戊	丁	丙	乙	甲	癸	壬	辛	庚	←5년
午	巳	辰	卯	寅	丑	子	亥	戌	←5년
편재	정재	정관	식신	상관	편관	비견	겁재	정관	

2026	2025	2024	2023	2022	2021	2020	2019	2018	2017	← 년운
정재	식신	상관	비견	겁재	편인	정인	편관	정관	편재	
丙	乙	甲	癸	壬	辛	庚	己	戊	丁	
午	巳	辰	卯	寅	丑	子	亥	戌	酉	
편재	정재	정관	식신	상관	편관	비견	겁재	정관	편인	

2023년 월운(月運)

식신	상관	비견	겁재	편인	정인	편관	정관	편재	정재	식신	상관
乙	甲	癸	壬	辛	庚	己	戊	丁	丙	乙	甲
丑	子	亥	戌	酉	申	未	午	巳	辰	卯	寅
편관	비견	겁재	정관	편인	정인	편관	편재	정재	정관	식신	상관
1	12	11	10	9	8	7	6	5	4	3	2

〈표-2〉 만세력 앱

년 · 월 · 일 · 시 천간과 지지

년간 · 년지 · 월간 · 월지 · 일간 · 일지 · 시간 · 시지라는 장소에 있는 여덟 글자는 개인의 기질, 성격, 생리 기관, 그리고 가족을 포함한 타인과의 인간관계 및 사회적 관계의 고유한 특성을 담고 있다.

대운(大運)

흔히 대운은 클 대(大)자가 있어서 좋은 운으로 해석하는데 이것은 바르지 못한 해석이다. 대운은 10년의 기간 동안 작용하는 운으로 기간이 길다는 것이지 좋은 운이라는 뜻은 아니다.

〈표-2〉에서는 대운 숫자가 3으로 이 명조 주인공은 각 연령대에서 세 살이 될 때마다 새로운 운을 맞이하게 된다. 3~12세, 13~22세, 23~32세, 33~42세, 43~52세, 53~62세 순으로 10년을 주기로 운이 바뀌게 된다.

만약 대운의 숫자가 7이면 7~16세, 17~26세, 27~36세, 37~46세, 47~56세 순으로 운이 새롭게 들어온다는 것을 뜻한다.

각 대운은 다시 천간과 지지 글자로 나누어진다. 지지 글자가 10년 동안 운에 영향을 미치기는 하지만 천간 글자가 5년, 지지 글자가 5년 동안 작용하는 것으로 분석하는 것이 정확도가 높다.

위 명조 주인공의 23세 대운을 살펴보면, 23세에서 27세까지는 임(壬) 겁재 운이 영향을 미치고, 28세에서 32세까지는 자(子) 비견 운이 영향을 미친다.

아기가 태어나서 유년기의 대운을 맞이하기까지 영향을 미치는 운에 대해서는 여러 학설이 있지만, 일반적으로 월주 즉 월간과 월지의 글자가 영향을 미치는 것으로 본다. 위 명조 주인공은 태어나서 2세까시 월주 변관 기(己), 편인 유(酉)의 영향을 받는 것으로 해석한다.

년운(年運)

년운은 일 년마다 들어오는 운으로 입춘이 시작되는 시점을 기준으로 다음 해의 입춘이 들어오는 시각 전까지 한 해 동안 작용한다.

예를 들면, 2024년 입춘은 2월 4일 17시 26분이 시작이다. 이 시각이 들어오기 전까지는 2023년 계묘(癸卯)년이 된다.

년운도 천간과 지지로 나누어지는데, 천간과 지지 중 어느 글자가 더 영향을 미치느냐는 학자마다 의견이 다르다. 천간 · 지지 모두 일 년 동안 영향을 미치지만 보통 천간 글자는 상반기 6개월, 지지 글자는 하반기 6개월 동안 영향을 미치는 것으로 해석한다.

개인의 성격, 심리변화, 건강, 발병 시기 그리고 운의 향방 등은 사주팔자와 10년을 주기로 들어오는 대운(大運), 해마다 들어오는 년운(年運)과의 관계를 통해 전체적으로 분석해야 정확도가 높아진다.

월운(月運)

매달 들어오는 운으로 각 달의 절기가 시작되는 시점을 기준으로 한다.

월운으로 들어오는 글자와 사주팔자의 관계를 통해 그달의 심리, 건강, 사회관계 및 인간관계 변화를 분석할 수 있다.

일진(日辰)

하루 동안 작용하는 운이다.

일진이 개인의 일에 미치는 영향이 크지는 않지만, 그 날의 심리변화, 건강 등을 파악하는데 활용할 수 있다.

여덟 글자가 나타내는 성격유형

〈표-2〉를 보면, 년간은 겁재, 월간은 편관, 일간은 나, 시간은 정재, 년지는 비견, 월지는 편인, 일지는 겁재, 시지는 정관으로 표시되어 있다. 이들의 명칭은 개인의 성격을 나타내는 10가지 유형 중 하나를 나타낸다.

일간은 나이고 자아이며 사주팔자의 주체

일간은 사주 전체를 주체적으로 이끌어가는 자아(自我)로서 일간 글자가 나타내는 성격유형은 개인의 특성에 강하게 작용한다.

일지는 일간과 가장 가까운 사이

일지는 일간과 끌어당기는 위치에서 가장 많은 영향을 미치고 있다. 일간은 정신적 자아라 하고, 일지는 육체로 본다.

인생길이 굽이굽이 펼쳐지는 이유

우리는 인생을 파도가 치는 바다에 비유하기도 하고, 굽이굽이 골짜기가 있는 산에 비유하기도 한다. 어느 것이 되었든 우리 앞에 놓인 길이 순탄치 않음을 말해준다.

잔잔했던 물결이 거친 파도로 달려오기도 하고, 폭풍우가 휘몰아쳐 배가 뒤집혔다가 언제 그랬냐는 듯이 평온해지기도 하고, 평탄하던 산길이 숨이 턱까지 차오르도록 힘겨운 경사로로 변하는가 하면, 한치 앞길을 알 수 없는 낭떠러지로 떨어지기도 한다.

남들은 다 잘 사는 것같이 보여도 뚜껑을 열어보면 집집마다 나름대로 맵디매운 인생의 고추장을 담고 있다. 그것이 인생이라고 말할 수도 있지만, 왜 우리네 인생은 굽이굽이 펼쳐지고 또 그 길을 살아내어야 하는 것일까?

이 물음에 대한 답은 인류의 역사와 함께 많은 성자, 현인, 철학자들에 의해 논의되어왔는데, 명리학적 관점에서 바라보면 그럴 수밖에 없음을 이해하게 된다.

〈표-2〉를 보면, 선천적인 개인의 특성을 나타내는 여덟 글자가 있다. 이 글자들은 상호 관계를 형성하게 되는데 그로 인해 인생에 변화가 일어난다.

또 10년마다 들어오는 대운은 개인의 선천적인 사주팔자와 합(合)을 하거나 서로 부딪히면서 다양한 변화를 가져온다. 해마다 들어오는 년운도 사주팔자와 작용을 일으키고, 매달 들어오는 월운의 글자도 사주팔자와 작용을 일으킨다. 비록 그 힘이 미약하지만 일진도 그렇다.

대운, 년운, 월운 모두가 사주팔자와 작용하듯이 대운과 년운, 년운과 월운도 상호 작용을 일으키기 때문에 우리는 늘 인생 파노라마 속에서 살아갈 수 밖에 없다.

인생이 왜 굽이치는지, 해마다 연말이 되면 "올해는 참으로 다사다난(多事多難)한 해였습니다."라는 말이 왜 반복되는지, 그 이유는 바로 〈표-2〉처럼 각자 가지고 나온 명(命)과 운(運)이 상호작용을 일으키는 데 있다.

그래서 우리네 인생은 일도 많고 탈도 많다.

Chapter 2

명리학에
담긴
우주 법칙

음양과 오행

음양(陰陽)

대우주에는 천억 개가 넘는 은하가 있고, 그중 한 은하의 변두리에 위치한 태양계의 행성 중 하나가 우리가 살고있는 지구이다. 지구는 우주 법칙에 의해 만들어졌기 때문에 지구상의 모든 생명체는 우주와 자연의 법칙에서 자유로울 수 없다.

우주 법칙을 논할 때 가장 근본은 태극(太極)이다.

태극은 아무것도 없는 무극(無極)에서 나온 것으로 우주 만물의 근원이다. 아무런 움직임이 없던 이 태극이 운동상태로 전환되면 상반되는 기운인 '플러스'와 '마이너스'가 나타나는데 이것이 양(陽)과 음(陰)이다. 양과 음은 별개로 존재하는 것이 아니라 양 속에 음이 있고, 음 속에 양이 있다.

『주역』「계사상」 제5장에서는 "한번 음이 되고, 한번 양이 되는 것을 도(道)라고 한다.(일음일양지위도 一陰一陽之謂道)"라 하고, 또 "음양의 변화를 헤아릴 수 없는 것을 신묘함이라고 한다.(음양불측지위신 陰陽不測之謂神)"라고 하여, 음양의 변화법칙이 우주의 진리이고 도(道)임을 밝히고 있다.

음양의 변화법칙은 일반인들과는 동떨어진 일인 것 같지만 매 순간 우리는 이 법칙 속에서 삶을 영위하고 있다.

우리가 매일 맞이하고 보내는 하루를 살펴보면, 자신을 둘러싼 음(陰)을 뚫고 나온 한 점의 양(陽)이 점점 자라나면 새벽을 지나 아침이 되고, 양 기운이 절정에 달하게 되면 한낮의 태양이 작열하는 낮이 된다.

절정에 달한 양을 음이 서서히 둘러싸면서 음 기운이 자라나면 해가 뉘엿뉘엿 넘어가는 저녁이 찾아오고, 음 기운이 절정에 달하게 되면 하루의 피로를 내려놓는 밤이 된다.

사계절의 변화도 음양 변화 법칙에 따라 이루어지는데, 음이 최고치에 달하면 겨울이 되고, 겨울 속에 숨어있던 한 점의 양이 점점 자라나면서 따뜻한 봄이 된다. 양 기운이 최고치에 달하면 더운 여름이 되고, 음 기운이 점점 자라나서 양을 감싸기 시작하면 서늘한 가을이 시작된다.

인간의 일생도 이와 같아서 유아기, 아동기, 청소년기, 청년기, 장년기, 노년기를 거치게 된다.

오행(五行)

음과 양의 변화로 인해 목(木), 화(火), 토(土), 금(金), 수(水) 다섯 가지 성질의 기운이 나타나는데, 이것을 오행(五行)이라고 한다.

목(木), 화(火), 토(土), 금(金), 수(水)는 기운의 작용을 우리가 이해하기 쉽도록 형상화(形象化)한 것이다.

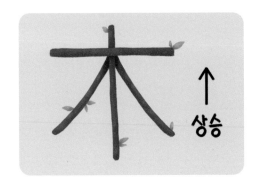

목(木)은 수(水) 즉 음(陰)에 잠겨 저장되어 있던 양기(陽氣)가 솟아 나와 성장해 나가는 기운의 작용을 나타낸 것이다.

사계절에 비유하면 봄이고, 방위로는 동쪽이며, 사물에 비유하면 나무, 꽃, 풀 등의 모든 식물이고, 인간의 일생에 비유하면 소년기에 해당한다.

화(火)는 양 기운이 분열하고 분산하는 작용을 나타낸 것이다.

사계절에 비유하면 여름이고, 방위로는 남쪽이며, 사물에 비유하면 태양, 달, 전등, 용광로 등의 불이고, 인간의 일생에 비유하면 청년기에 해당한다.

목 · 화에서 생장, 분열하던 기가 토(土)에서 정지하면서 금기(金氣)와 화기(火氣)를 중화시키는 작용을 한다.

사계절에 비유하면 환절기이고, 방위는 중앙이며, 사물에 비유하면 대지, 평야, 대륙, 담장, 성곽 등의 흙이다.

금(金)은 봄과 여름동안 겉으로 드러나서 발산되던 기가 자신을 둘러싸는 음에 의해 점점 안으로 거두어지고 감추어지는 작용을 나타낸 것이다.

사계절에 비유하면 가을이고, 방위로는 서쪽이며, 사물에 비유하면 바위, 쇠, 광석, 암반석, 기차, 비행기, 보석 등의 금속이며, 인간의 일생에 비유하면 장년기에 해당한다.

수(水)는 양 기운이 완전히 감추어지면서 응고되고 통합되는 작용을 나타낸 것이다.

사계절에 비유하면 겨울이고, 방위로는 북쪽이며, 사물에 비유하면 바다, 강, 이슬, 호수, 비, 눈, 얼음 등의 물이며, 인간의 일생에 비유하면 노년기에 해당한다.

오행은 하나의 오행이 다음 오행의 기운을 도와주는 생(生)작용과 하나의 오행이 한 칸 건너뛴 오행의 힘을 억누르는 극(剋)작용을 동시에 하고 있다.

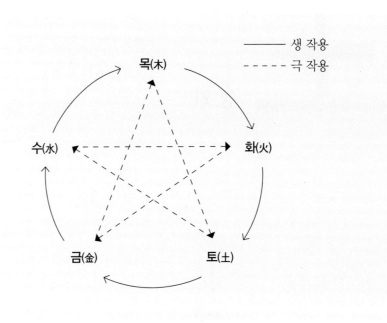

〈표-3〉 오행의 생과 극

생작용을 살펴보면, 나무는 땔감이 되어 불이 활활 타도록 도와주고(목생화)→불이 다 타고 꺼지면 재가 남는데 그 재가 모여 흙이 된다.(화생토)→쌓인 흙은 세월이 더해지면서 단단한 바위가 되고(토생금)→바위나 암반층에서 물이 나온다.(금생수)→그 물은 지하수로 혹은 비나 눈이 되어 나무를 도와준다.(수생목)

극작용을 살펴보면, 나무는 뿌리를 흙 속으로 파고들게 하고(목극토)→흙은 댐이 되어 물을 막는다.(토극수)→물은 불을 꺼트리고(수극화)→불은 금속을 녹인다.(화극금)→쇠도끼는 나무를 벤다.(금극목)

만물의 생성원리에 따르면 극을 받지 않고는 만물이 길러질 수 없다. 사람도 어려움과 난관이 있어야 발전해 나가듯이 극은 나쁜 것이 아니라 만물이 한 단계 나아가기 위해서는 필요한 것이다.

음양오행에 따른 성격 분석

음양분포에 따른 기질적 특성

음양과 오행의 분포는 개인의 기질과 성격에 영향을 미친다.

목(木), 화(火), 토(土), 금(金), 수(水) 오행에서 목(木)과 화(火)는 양의 기운이고, 금(金)과 수(水)는 음의 기운이다. 토(土)는 음과 양이 중화된 기운을 나타낸다.

음양분포에 따른 기질을 살펴보면, 사주에 목·화가 많으면 양 기운이 강해서 외향적이고 적극적이며 마음먹은 일은 바로 행동으로 옮기는 기질을 지닌다.

금·수가 많으면 음 기운이 강해서 내성적이고 소극적이며 생각을 깊게 한 연후에 일을 시작한다.

	기질적 특성		
양 (목, 화)	외향적	적극적	행동형
음 (금, 수)	내성적	소극적	사고형

〈표-4〉 음과 양의 분포에 따른 기질적 특성

내 사주에서 목(木), 화(火), 토(土), 금(金), 수(水)가 많고 적음은 어떻게 알 수 있을까?

휴대폰에서 만세력을 보면 알 수 있다.

요즘은 앱이 잘 발달해서 생년 · 월 · 일 · 시 정보를 입력하면 한 눈에 알아볼 수 있도록 나와 있다.

생년 · 월 · 일 · 시 사주팔자 밑 작은 칸에 각 오행의 갯수가 적혀있는데, 그 숫자로 기운이 강한지 약한지를 가늠할 수 있다. 초록색은 목(木), 빨간색은 화(火), 노란색은 토(土), 흰색은 금(金), 검은색은 수(水)를 나타낸다.

음양오행 분포로 성격을 논할 때 '강하다–약하다', '발달–과다'라는 말을 사용하기도 하는데, 발달은 적당하게 있다는 것이고, 과다는 말 그대로 많다는 의미이다.

오행의 기운이 적당한지, 많은지에 대한 기준은 학자마다 조금씩 다른데, 보통은 4개부터 많은 것으로 본다. 3개 정도 있어도 많다고 보는 경우가 있는데, 태어난 달의 아래에 있는 월지(月支)에 해당하는 오행은 3개가 있어도 많다고 해석한다. 왜냐하면 월지에 있는 글자는 천간에 있는 글자 3개에 해당하는 힘을 가지고 있기 때문이다.

만약 목(木), 화(火)가 합쳐서 5개 이상이면 양 기질을 주로 나타내고, 금(金), 수(水)가 합쳐서 5개 이상이면 음 기질을 주로 나타낸다. 토(土)는 중화된 기질적 특성을 보인다. 목(木), 화(火)와 금(金), 수(水)가 비슷한 세력일 때도 중화된 기질을 보인다.

오행분포에 따른 성격적 특성

『주역』은 천도(天道)의 운행원리에 따른 인간 삶의 이치를 담고 있는 경전으로 「중천건괘」의 첫 문장에서는 "건은 원(元)하고 형(亨)하고 이(利)하고 정(貞)하다.(건원형이정 乾元亨利貞)"라고 하여, 하늘의 작용이 원·형·이·정으로 드러남을 밝히고 있다.

또 원형이정 사상(四象)을 문언에서는 "원은 선의 어른이고, 형은 아름다운 모임이고, 이는 의의 화합이고, 정은 일의 줄기이니 군자가 사덕을 행하는 것이 곧 원형이정이다.(문언왈 원자선지장야, 형자가지회야, 이자의지화야, 정자사지간야, 군자체인족이장인, 가회족이합례, 이물족이화의, 정고족이간사, 군자행차사덕자. 고 왈건원형이정. 文言曰 元者善之長也. 亨者嘉之會也, 利者義之和也, 貞者事之幹也, 君子體仁 足以長人, 嘉會足以合禮, 利物足以和義, 貞固足以幹事, 君子行此四德者. 故 曰乾元亨利貞)"라고 하여 인간 삶의 모습을 나타내는 원·형·이·정이 인간의 본성인 인·의·예·지(仁義禮智) 사덕(四德)으로 되었음을 밝히고 있다.

『맹자』 「공손추장구상」에서는 "사람은 모두 차마 어찌하지 못하는 마음이 있는 것이다.(인개유불인지심 人皆有不忍人之心)"라고 하여, 사람이면 누구나 양심을 지니고 있다고 밝히고 있다.

맹자는 어린아이가 우물로 들어가려는 것을 보면 누구나 깜짝 놀라고 측은한 마음이 일어나서 그 아이를 구하는데, 그 이유는 아이의 부모와 사귀려는 마음이 있어서도 아니고, 친구들 사이에서 칭찬을 받으려는 것도 아니고, 도와주지 않으면 나쁜 평판이 생길까 두려워서도 아니라고 논하였는데, 차마 어찌할 수 없는 마음은 자신에게 이익을 헤아려서 나오는 마음이 아니라 그냥 나오는 마음이라는 것이다.

또 "측은한 마음이 없으면 사람이 아니고, 미워하고 부끄러워하는 마음이 없으면 사람이 아니고, 사양하는 마음이 없으면 사람이 아니고, 옳고 그른 마음이 없으면 사람이 아니다. 측은한 마음은 인(仁)의 단서이고, 미워하고 부끄러워하는 마음은 의(義)의 단서이고, 사양하고 양보하는 마음은 예(禮)의 단서이고, 옳고 그름의 마음은 지(知)의 단서이다.(무측은지심비인야, 무수오지심비인야, 무사양지심비인야, 무시비지심비인야. 측은지심인지단야, 수오지심의지단야, 사양지심예지단야, 시비지심지지단야. 無惻隱之心 非人也, 無羞惡之心 非人也, 無辭讓之心 非人也, 無是非之心 非人也. 惻隱之心 仁之端也, 羞惡之心 義之端也, 辭讓之心 禮之端也, 是非之心 知之端也.)"라고 하여, 사람이 본래 가지고 있는 인·의·예·지 사덕은 측은지심(惻隱之心)·수오지심(羞惡之心)·사양지심(辭讓之心)·시비지심(是非之心)으로 드러난다고 밝히고 있다.

인·의·예·지 사덕은 목(木), 화(火), 토(土), 금(金), 수(水) 오행과 연계시킬 수 있는데, 목은 측은지심인 인(仁), 화는 사양지심인 예(禮), 금은 수오지심인 의(義), 수는 시비지심인 지(智)와 연계된다. 여기서 토는 중화를 나타내면서 신의(信)와 연계된다.

선진유학 경전의 하나인 『대학』에서는 "군자는 그 홀로 있을 때 삼가는 것이다.(군자필신기독야 君子必愼其獨也)"라고 하여, 사람은 누가 보건 보지 않건 자신의 몸과 마음을 진실하게 닦아야 함을 밝히고 있다.

목, 화, 토, 금, 수에 담긴 덕목은 인간의 근원적인 심리를 밝힌 것으로 그 특성을 잘 다듬고 닦아서 화합하고 더불어 살아가는 방법으로 활용해야 할 것이다.

목(木)의 성격적 특성

목(木)은 생장하고 발전하고 위로 뻗어 나가는 기운의 작용을 형상화한 것으로, 땅을 뚫고 나온 식물이 하늘을 향해 나아가는 모습을 연상시킨다.

목(木)은 측은지심인 인(仁)과 연계된다.

인(仁)은 사람 인(人)과 두 이(二)가 합쳐진 글자로, 서로가 사랑하고 아낀다는 의미를 담고 있다.

목의 대표적 상징은 나무, 화초 등이다.

나무는 자라나서 봄에는 꽃을 내보내서 사람들의 눈과 마음을 설레게 하고, 여름에는 그늘을 만들어 사람들이 뜨거운 태양 빛을 피해 더위를 식히고 숨 쉴 수 있게 한다. 가을이면 열매를 맺고 과실을 내어주어서 사람들의 입을 즐겁게 하고, 겨울이면 북풍한설의 바람을 막아주고 땔감이 되어 사람들의 몸을 따뜻하게 데워준다. 이처럼 나무는 아낌없이 자신을 내어준다. 따라서 목이 발달한 사람은 나무처럼 착하고 어진 마음을 지니고 있다.

또 명예를 지향하는 성향이 강한데, 식물의 씨앗이 땅속 흙을 뚫고 나와서 하늘을 향해 위로 뻗어 나가려는 속성과 인간사회에서 자신의 목표를 성취하고 높은 지위에 오르려는 모습이 비슷하기 때문이다.

식물이 땅을 뚫고 나올 때는 주변 도움 없이 혼자 힘으로 나오는데, 목이 발달한 사람은 자립심이 강해서 스스로 일을 처리하려 하고 자신감이 충만하다.

봄이 되어 새싹이 나오고 나무에 잎이 피기 시작하면 식물들은 하루가 다르게 성장하느라 분주하다. 그래서 목이 발달한 사람은 부지런하고, 일을 계획하고 실행하느라 잠시도 가만있지 못한다.

봄날의 새싹과 식물은 희망을 상징하기도 하는데, 목이 발달한 사람은 매사에 긍정적이고 마음에 늘 희망을 품고 살아간다.

    식물은 성장하면서 여러 곁가지가 나오는데 가지치기를 하지 않으면 충실한 열매를 맺기가 힘들다.

    목이 많은 사람은 식물의 이러한 속성과 비슷해서 이런 일 저런 일들을 벌이느라 분주하지만, 끝맺음을 잘하지 못한다.

    사람은 누구나 100의 에너지를 가지고 있는데, 목이 많은 사람은 100의 에너지를 여기저기 여러 분야에 분산하다 보니 끝까지 일을 마무리 지을 힘이 부족하게 된다.

    따라서 목이 많은 사람은 하고 싶은 일들에 대한 순위를 정해놓고, 먼저 실행한 일이 완성되면 다음 일을 시작하는 것이 좋다.

    일을 벌이지 않으면 불안해지는 마음을 다독이고, 무엇이든 다 할 수 있을 것 같은 과도한 의욕을 자제하면 자신이 목표한 일을 모두 잘 해 낼 수 있다.

화(火)의 성격적 특성

    화(火)는 상승한 기운이 분산되고 분열되는 모양을 형상화한 것으로 불이 활활 타오르거나 화산에서 불이 뿜어져 나오는 모양을 연상시킨다.

    『주역』에서는 화를 "이괘(離卦)가 불이 되고(이위화 離爲火)", 또 "만물을 말리는 것은 불보다 말리는 것이 없고(조만물자 막한호화 燥萬物者 莫熯乎火)"라고 하여, 이괘(離卦)를 상징하고 만물을 말리는 것으로 밝히고 있다.

    화(火)는 사양지심인 예(禮)와 연계된다.

    예(禮)는 보일 시(示)와 풍년 풍(豊)이 합쳐진 것으로 예절이나 예도라는 뜻을 가지고 있다.

예는 신에 대한 공경의 뜻을 담고 있는데, 이러한 공경의 마음은 신뿐만 아니라 사람과의 만남에서도 작용한다.

따라서 화가 발달한 사람은 예의를 중요시하고 상대방을 공경하는 마음이 있다. 공경의 마음은 자신을 낮추고 상대방을 높일 줄 아는 겸손함과 이어진다.

화의 대표적 상징은 태양, 달, 별, 용광로, 전기, 불 등이다.

화가 발달한 사람은 태양처럼 밝고 따뜻하며, 일이나 삶에 대한 열정과 모험심이 있다. 화는 화려한 속성을 나타내기 때문에 예술이나 문학적 감각이 뛰어나고 세련된 멋으로 자신을 표현할 줄 안다.

화가 많은 사람은 예의를 지나치게 중요시하기 때문에 자기 기준에서 예의에 벗어난 행동을 보면 욱하면서 화를 내게 된다. 그래서 타인의 눈에는 예의가 없는 사람으로 보인다.

또 거센 불과 같은 속성을 지니고 있어서 성격이 아주 급하고 마음먹은 일은 바로 실행에 옮긴다. 그 과정에서 어떤 어려운 일이 있어도 두려움 없이 헤쳐나가지만 끝맺음이 약해서 중도에 포기하는 경우가 많다.

그 이유는 성격이 워낙 급하다 보니 모든 에너지를 일의 초기 단계에서 다 쏟아부어서 마무리 단계까지 갈 에너지가 남아 있지 않기 때문이다. 이들의 모습은 화르르 타다 꺼지는 불과 같아서 어려운 고비를 다 넘기고 전진할 일만 남았을 때 두 손 두 발 다 들게 된다.

과한 열정은 쉽게 식는 법이다.

그래서 화가 많은 사람은 일의 초기 단계에서 급하게 서두르지 말고 조급함을 자제하면서 본인이 생각하는 것보다 한 박자 늦춰 진행하는 것이 좋다.

또 처음에 모든 에너지를 다 쏟아붓지 말고 완성단계까지 쓸 에너지를 비축하면서 당면한 문제를 한 걸음 뒤에서 전체적으로 조망하는 여유로움을 지니면, 도전적이고 모험적인 일에 대한 성과를 충분히 이루어낼 수 있을 것이다.

화산은 갑자기 분출해서 주변의 모든 생명체를 녹여버린다.

화가 많은 사람은 갑자기 화를 버럭 내서 상대방에게 상처를 주고 관계를 힘들게 만든다. 활활 타던 화산이 모든 열기를 내뿜고 나면 휴지기에 들어가듯 이들은 금방 숨넘어갈 듯이 바르르하다가 언제 그랬냐는 듯이 가라앉는다.

따라서 화가 많은 사람이 화를 낼 때는 맞받아치지 말고 그 자리에 가만히 듣고 있는 것이 좋다.

모든 화가 가라앉고 난 다음에 찬찬히 일의 자초지종이나 자신의 의견을 말해도 늦지 않다.

토(土)의 성격적 특성

토(土)는 태극이 하강했다는 이론과 음과 양이 조화를 이룬 상태를 형상화한 것이라는 이론 등이 있다.

한문 구성을 보면, 땅 위에 흙덩어리가 쌓여있는 모습을 형상화한 것으로 이 흙덩어리는 토지신에게 제사를 지내기 위해 만들어진 것이다.

토(土)는 신의(信)와 연계된다.

믿을 신(信)은 사람 인(亻)과 말씀 언(言)이 합쳐진 글자로 사람의 말에는 거짓이 없이 믿음이 있어야 함을 의미한다.

토는 대륙, 논, 밭, 길, 정원 등을 상징한다.

토가 발달한 사람은 말이 믿음직스럽고 매사에 서두르지 않으며 행동이 진중하다.

또 '땅은 거짓말을 하지 않는다.'라는 말처럼 정직하고 변함이 없으며 끈기가 있다.

『주역』「중지곤괘」의 단사에서는 "곤도는 만물을 두텁게 싣는 것이니 덕과 합하는 것이 경계가 없이 무궁하고, 넓음을 머금어 그 빛남이 광대하기에 품물이 다 형통하게 되는 것이다.(곤후재물 합덕무강 함홍광대 품물함형 坤厚載物 德合无疆 含弘光大 品物咸亨)"라고 하여, 땅의 덕에 대하여 밝히고 있다.

『주역』에서는 강건함을 지닌 건(乾)은 하늘에, 유순함을 지닌 곤(坤)은 땅에 비유하고 있다. 땅은 모든 만물을 생장시키고 품는 능력이 탁월해서 어머니에 비유하기도 한다.

또 "흙에서 편안하여 인(仁)에서 돈독해진다.(안토돈호인 安土敦乎仁)"라고 하여, 흙은 사람이 살아가는 근본임을 밝히고 있다.

따라서 토가 발달한 사람은 상대방을 편안하게 만드는 매력을 지니고 있어서 그들과 대화를 나누면 마음이 푸근해지고 편안함을 느끼게 된다.

땅은 나무가 자신의 살갗을 뚫고 뿌리를 내려도, 불이 타올라서 자신을 뜨겁게 해도, 땅속 깊은 곳에 다이아몬드나 금 등의 광석을 품고 있어도, 지하 깊은 곳에 물이 흘러도 밖으로 표현하지 않는다.

그래서 토가 발달한 사람은 속이 깊고 자기 생각과 마음을 밖으로 잘 드러내지 않는 특성을 보인다.

흙은 많은 생명체를 품어 자라게 하지만 흙이 너무 많으면 산사태가 나서 모든 것들이 매몰되는 것처럼, 사주에 토가 지나치게 많으면 자기 속내를 절대 겉으로 드러내지 않는다. 그래서 "저 사람은 속에 뭐가 들었는지 모르겠다." 또 "평생을 같이 살아도 속으로 무슨 생각을 하는지 알 수가 없다."라는 말을 듣게 된다.

또한 믿음을 너무 중요시하다 보니 사람을 잘 믿지 않고 마음의 문을 쉽게 열지 않는다. 하지만 한번 마음을 주면 상대방이 뒤통수를 치고 갈 때까지 믿는다. 문제는 돈거래, 보증, 공동투자 등으로 손해를 입어도 밖으로 드러내지 않고 속앓이하는 경우가 많다는 것이다.

토가 발달한 사람은 은근한 고집이 있지만, 토가 많아지면 은근한 고집이 아주 강해진다. 은근하다고 표현하는 이유는 목(木), 화(火), 금(金), 수(水)는 싫고 좋음이 겉으로 드러나지만, 토는 표현하지 않으면서 자기 고집대로 일을 끌고 가기 때문이다. 고집이 아주 강해 못 말리는 사람을 '황소고집'이라고 하는데, 소를 나타내는 축(丑)도 토를 의미한다.

따라서 토가 많은 사람은 자기 고집을 조금 내려놓고 상대방의 의견에 귀를 기울이려는 마음가짐과 노력이 필요하다.

또 자기 생각과 마음을 상대방에게 명확하게 말하는 것이 좋다.

인간관계는 감정과 생각을 상호 교류하면서 이루어지는 것이므로 상호 간의 피드백이 없으면 세상으로부터 고립되고 자기 세계에 갇혀있을 수밖에 없다.

사랑을 비롯해 감정이나 생각은 말로 표현해야 알 수 있다.

'내 마음이 이러니 당연히 알겠지'라는 생각은 서로 오해가 쌓이게 만드는 지름길이 된다.

"입 놔뒀다 뭐하냐!"라는 옛 말씀이 있듯이 입은 감정과 생각을 언어로 표현하는 중요한 의사소통 기관인 것이다.

금(金)의 성격적 특성

금(金)은 분열되고 분산되던 기운이 수렴되는 모습을 형상화한 것이다.

금(金)은 땅 속에 금속이 묻혀있는 모양을 나타내기도 하고, 주물에 사용되던 거푸집과 쇳덩어리의 모양을 나타내기도 한다.

금(金)은 의(義)와 연계된다.

옳을 의(義)는 양 양(羊)과 나 아(我)가 합쳐진 것으로 아(我)는 톱니가 있는 무기를 형상화한 것이다. 그래서 공정함과 의로움의 뜻을 지니고 있다.

『주역』「중지곤괘」에서는 "곧음은 바름이고, 방정함은 정의이니, 군자가 경(敬)으로써 안을 바르게 하고, 의(義)로써 밖을 방정하게 하여 경(敬)과 의(義)가 서면 덕은 외롭지 않으니(직기정야 방기의야 군자경이직내 의이방외 경의입이덕불고 直其正也, 方其義也, 君子敬以直內, 義以方外, 敬義立而德不孤)"라고 하여, 의(義)는 외현적으로 방정하게 행동하는 것임을 밝히고 있다.

따라서 금이 발달한 사람은 의로운 마음이 있고 의리가 있으며, 옳고 그름이 분명하고, 행동이 진중하고 반듯하다.

금은 칼이나 도끼 등의 금속과 바위, 동굴, 보석 등을 상징한다.

이러한 도구들이 물건을 자르고 모양을 다듬을 때 사용되듯이, 금이 발달한 사람은 결단력이 있고 의지가 굳으며, 자기주장이 확실하고 일을 정확하게 완성하는 능력이 있다.

또 일이나 상대방에 대한 호불호(好不好)가 확실하고, 그에 따른 맺고 끊음도 확실해서 다소 냉정한 사람으로 보이기도 한다. 매사에 철두철미해서 기본적으로 약간의 강박증을 지니고 있다. 사용한 물건은 제자리에 두어야 하고, 약속은 반드시 지켜야 하며, 자기만의 루틴으로 일해야 안정감을 느낀다.

한 마디로 칼 같은 사람이다.

칼은 잘 다루면 사람을 살리는 도구가 되지만, 잘못 사용하면 사람을 죽이는 무기가 된다.

금 성향을 잘 발휘하면 인간관계와 사회관계에서 큰 장점으로 작용하지만, 강한 금 성향을 지나치게 휘두르면 사람들과의 관계를 악화시키는 원인이 된다.

금의 속성은 변형이 어렵다.

이들은 좀처럼 타인의 의견을 수용하거나 타협하려고 하지 않는다. 자기 생각이나 행동은 모두 옳다고 생각하기 때문에 독선적으로 일을 처리한다. 타인의 행동에 대해 지적을 많이 하고 강하게 비판해서 상대방의 마음을 다치게 하기도 한다.

또 상대방의 반박을 받아들이지 않는다.

만약 다른 사람이 자기 잘못을 말하면 난리가 난다. 왜냐하면 자신은 완벽한 사람이라고 생각하기 때문이다.

따라서 금 성향이 지나치게 강한 사람이 욱거리고 화를 내려고 하면 가능하면 그 자리에서 빠져나오는 것이 좋다. 이들은 상대방의 잘잘못을 자신의 관점에서 사정없이 따지고 비판하면서 상대방의 가슴에 비수를 꽂기 때문이다.

이들이 화를 내는 것은 사주에 화(火)가 많은 사람이 내는 것과 다르다.

화가 많은 사람은 그 자리에서 불같이 폭발하지만 뒤끝이 없는 반면에, 금이 많은 사람은 두고두고 따져 물으며 뒤끝이 작렬한다.

어쩌면 우리는 모두 이러한 금 성향을 조금씩은 지니고 있을지도 모른다. 누구도 내 생각과 행동이 잘못되었을 수도 있다는 생각을 하기는 쉽지 않기 때문이다.

금이 많은 사람은 누구나 자기 일에서 나름대로 최선을 다한다는 것을 염두에 두고, 결과가 나올 때까지 일을 담당한 사람을 믿고 맡겨주는 것이 좋다.

또 내 기준이 다른 사람들보다 엄격하고 내 말투가 상대방에게 상처를 준다는 것을 알고, 말하기 전에 한 번 더 생각하고 부드러운 어조로 말하는 연습이 필요하다. 무엇보다 너그러운 마음을 가지려고 노력해야 한다.

수(水)의 성격적 특성

수(水)는 수렴한 기운이 저장되고 응고되는 모습을 형상화한 것이다.

『주역』「설괘」에서는 "감괘(坎卦)는 물이니 정 북방(北方)의 괘이니(감자수야 정북방지괘야 坎者水也, 正北方之卦也)", 또 "만물을 윤택하게 하는 것은 물보다 젖는 것이 없다.(윤만물자 막윤호수 潤萬物者 莫潤乎水)"라고 하여, 물은 만물을 윤택하게 한다는 것을 밝히고 있다.

수(水)는 지혜(智)와 연계된다.

지(智)는 알 지(知)와 날 일(日)이 합쳐진 것으로 세월이 지나도 변하지 않는 지혜라는 뜻을 나타낸다.

『주역』「중천건괘」에서는 "항의 말은 나아감은 알고 물러남은 알지 못하고, 있음은 알고 없음은 알지 못하고, 얻음은 알고 잃음은 알지 못하니 그 오직 성인뿐이구나! 나아가고 물러남과 있음과 없음을 알아서 그 정도를 잃지 않는 사람은 그 오직 성인뿐이구나.(항지위언야 지진이부지퇴 지존이부지망 지득이부지상 기유성인호 지진퇴존망이불실기정자 기유성인호 亢之爲言也 知進而不知退, 知存而不知亡, 知得而不知喪, 其唯聖人乎. 知進退存亡而不失其正者 其唯聖人乎)"라고 하여, 지(知)는 성인과 연관됨을 밝히고 있다.

따라서 수가 발달한 사람은 지혜롭고 사람과 일의 정황을 파악하고 분별하는 능력이 뛰어나다.

물은 생명의 근원이면서 변화무쌍한 모습을 가지고 있어서 고요한 호수를 이루기도 하고, 폭풍우의 풍랑이 되기도 하고, 대기 상황에 따라 비나 눈이 되어 내리기도 하는 등 자유자재의 형체로 변한다. 따라서 수가 발달한 사람은 사고와 행동에 융통성이 있다.

또 물은 끊임없이 흐르는 속성이 있어서 수가 발달한 사람은 생각이 많고, 생각이 많다 보니 독창적이고 새로운 아이디어를 많이 창출하게 된다.

수는 음(陰) 기운이 가장 강한 오행이다.

그래서 수가 많으면 타인의 이익을 빼앗으려는 탐욕심이 생겨나게 되고, 자기표현을 잘 하지 않으며, 우울증과 무기력증에 빠지기 쉽다.

따라서 수가 많은 사람은 긍정적인 사고를 지닌 사람들과 어울리고, 총명함과 지혜를 타인과 더불어 살아가는 좋은 방향으로 사용하도록 노력해야 한다.

수는 지혜를 상징하기 때문에 수가 없으면 똑똑하지 않다고 생각하는데 그렇지 않다. 사람의 기질과 성격적 특성, 공부를 잘하고 못하고는 어느 하나로만 결정되는 것이 아니라 전체적인 구성을 살펴보아야 한다. 그리고 똑똑하다는 것이 반드시 학교 성적으로 이어지는 것은 아니다.

부모들은 자녀들이 성적이 좋지 않으면 머리가 좋지 않다고 생각한다. 공부를 잘하는 것은 하나의 재능이지 그 사람의 총명함과 우매함을 결정짓는 요인은 아니다.

사람은 누구나 자기만의 달란트가 있다.

그 달란트를 세상에 선한 영향력으로 사용할지 말지는 자기 선택과 주변 사람들의 선한 영향력에 달려 있다.

그래서 자녀를 양육할 때는 "너는 어떻게 하고 싶어?"라고 늘 자녀의 의견을 먼저 묻고, 결정한 사항에 대해 존중하고 응원해주어야 한다.

자식은 내 배를 빌어 나온 독립된 존재이다.

이 땅 위의 모든 사람은 다 그렇다.

엄마의 배를 빌어 나오지만 자기만의 소임을 찾고 자신의 빛깔로 인생 화폭을 완성해가야 한다.

내가 누구인지, 어떤 일을 할 때 내 심장이 뛰는지, 내가 살아있음을 느끼게 만드는 일은 무엇인지.

그것들에 대한 해답을 하나씩 찾아갈 수 있도록 지켜보는 것이 부모가 할 수 있는 일이다.

그래서 부모라는 자리는 참 힘든 자리이다.

지켜보고,

기다리고,

기도하고.

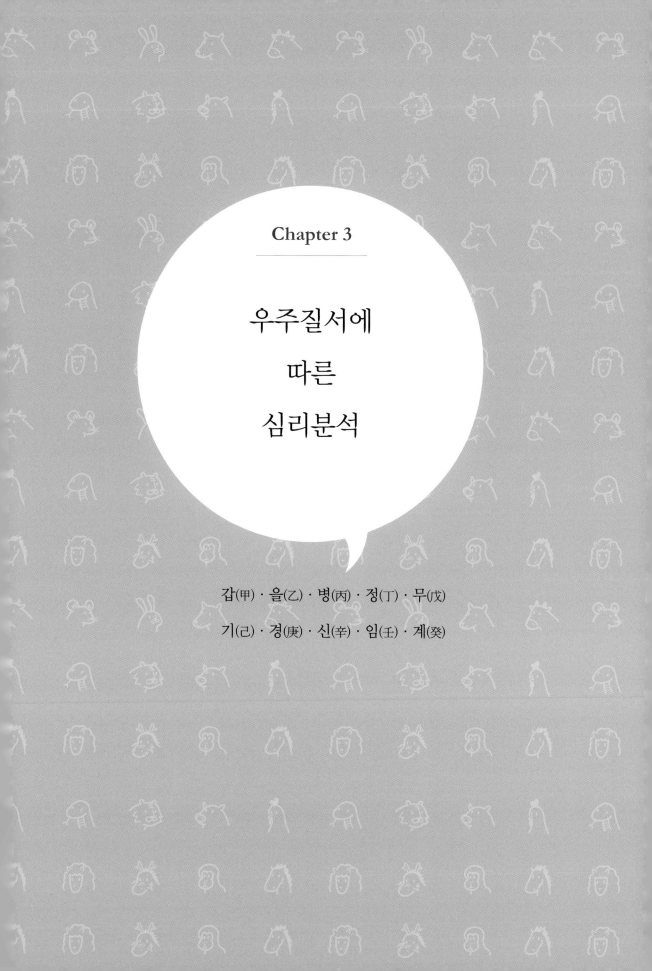

Chapter 3

우주질서에
따른
심리분석

갑(甲) · 을(乙) · 병(丙) · 정(丁) · 무(戊)

기(己) · 경(庚) · 신(辛) · 임(壬) · 계(癸)

천간과 지지가 만들어진 기원은 여러 가지 설이 있지만, 중국의 황제(黃帝)가 하늘의 운행원리를 보고 천간과 지지를 인류에게 만들었다는 설이 통용되고 있다. 또 3천 년 전 상나라 시대에 일월(日月) 운행을 계산할 때 쓰던 역법(曆法)이 발견되었는데, 그 갑골문에서 천간과 지지가 확인되었다. 따라서 천간과 지지는 이미 상고시대에 있었다는 것을 알 수 있다.

『주역』의「산풍고괘」에서는 "갑보다 먼저 3일 갑보다 후에 3일은 마침 즉 시작이 있으니 천행이다.(선갑삼일후갑삼일 종즉유시 천행야 先甲三日後甲三日, 終則有始, 天行也.)"라 하고, 또「중풍손괘」에서는 "경보다 3일 먼저 하며 경보다 3일 후이면 길하다.(선경삼일후경삼일 길 先庚三日, 後庚三日, 吉.)"라고 하여, 천간에 대하여 밝히고 있다.

선갑삼일(先甲三日)은 갑(甲)을 중심으로 앞 3일인 신(辛)·임(壬)·계(癸), 후갑삼일(後甲三日)은 갑(甲)을 중심으로 뒤 3일인 을(乙)·병(丙)·정(丁)을 가리킨다.

선경삼일(先庚三日)은 경(庚)을 중심으로 앞 3일인 정(丁)·무(戊)·기(己)를, 후경삼일(後庚三日)은 경(庚)을 중심으로 뒤 3일인 신(辛)·임(壬)·계(癸)를 가리키는 것이다.

선갑삼일후갑삼일과 선경삼일후경삼일을 합하면 갑(甲)·을(乙)·병(丙)·정(丁)·무(戊)·기(己)·경(庚)·신(辛)·임(壬)·계(癸)이다.

천간은 열 개의 글자로 이루어져 십천간(十天干)이라 한다.

십천간은 목(木), 화(火), 토(土), 금(金), 수(水) 오행이 다시 음(陰)과 양(陽)으로 나누어져서 10가지 기운을 이루고 있다.

십천간의 구성을 살펴보면, 목(木)은 양목(陽木)인 갑(甲)과 음목(陰木)인 을(乙)로, 화(火)는 양화(陽火)인 병(丙)과 음화(陰火)인 정(丁)으로, 토(土)는 양토(陽土)인 무(戊)와 음토(陰土)인 기(己)로, 금(金)은 양금(陽金)인 경(庚)과 음금(陰金)인 신(辛)으로, 수(水)는 양수(陽水)인 임(壬)과 음수(陰水)인 계(癸)로 이루어져 있다.

오행	목(木)	화(火)	토(土)	금(金)	수(水)
양(陽)	갑(甲)	병(丙)	무(戊)	경(庚)	임(壬)
음(陰)	을(乙)	정(丁)	기(己)	신(辛)	계(癸)

〈표-5〉 십천간

천간(天干)은 자연이 생장하여 수렴하는 과정을 표현한 것으로 시간을 위주로 표상하고 있는데, 하늘의 기운이라고 하여 우주로부터 내려온 기운을 그대로 담고 있어서 순수하고 동적(動的)인 것으로 해석하기도 한다.

갑(甲)

갑(甲)은 밭 전(田)자에서 싹이 올라온 형태를 닮았는데, 겨울 동안 얼어붙은 땅을 뚫고 올라와서 하늘을 향해 뻗어 나가는 기운을 나타낸다. 그래서 일을 계획하고 실행하려는 마음과 명예를 지향하는 마음이 강하다.

양목(陽木)으로 큰 나무를 상징하는데 나무의 특성처럼 타인에게 굽히지 않는다. 여름에 태풍이 지나간 자리에 가로수나 오래된 나무가 쓰러졌다는 소식은 있어도 갈대나 잔디 등이 뽑혀서 난리가 났다는 뉴스는 나오지 않는 것처럼 갑(甲)은 강직하고 자존심이 강해 자기 뜻을 좀처럼 굽히려 하지 않는다.

또 자신이 하면 무엇이든 될 것 같은 강한 자신감을 지니고 있다. '하루 강아지 범 무서운 줄 모른다.'라는 말처럼 세상 그 어디에도 두려울 것이 없는 마음 상태라고 보면 된다.

알을 깨고 나오느라 사투를 벌이는 조류 새끼들이 안쓰러워서 알이 깨어지도록 도와주면 그 조류는 태어나서 얼마 지나지 않아 죽는다는 실험 결과가 있다.

갑(甲)도 이와 같아서 혼자 힘으로 난관을 뚫고 헤쳐나가는 자립심이 강하다.

을(乙)

을(乙)은 음목(陰木)으로 꽃이나 풀 등을 상징하는데, 흙을 뚫고 올라온 식물이 힘겹게 성장해 나가는 모습을 나타낸다.

또 무릎을 꿇은 사람의 형상으로 비유되기도 하는데 현실을 자각한 모습이라 하겠다.

세상에 나오면 무언가 될 것 같았던 자신감으로 가득 찬 하루 강아지가 하루 이틀 지나면서 현실이 녹록지 않음을 자각한 모습으로도 연상된다. 비록 강한 생명력으로

역경을 뚫고 세상에 나왔지만 살아남기 위해서는 현실에 적응해야 함을 깨닫게 되는 것이다.

그래서 을(乙)은 현실에 적응하는 능력이 뛰어나고 자기주장을 강하게 내세우지 않는다. 겉으로는 온화하고 타인의 의견을 수용하는 것 같지만 내면에는 자기만의 강한 고집이 있어서 자신이 원하는 방향으로 일을 한다.

산을 오르다 보면 고사(枯死)한 큰 나무들을 볼 수가 있다. 그 나무들을 자세히 들여다보면 작은 담쟁이 같은 식물이 감고 있는 것을 발견하게 된다.

을(乙)은 그런 속성을 가지고 있다.

겉으로는 갑(甲)처럼 자기주장이 강하지 않지만, 그 내면은 갑(甲) 못지않게 강하다.

또 녹록지 않은 현실에 적응하고 성장하려면 남들보다 눈치가 빨라야 하고 부지런하게 움직여야 한다. 그래서 을(乙)은 현실적이고 부지런하다.

갑(甲)과 을(乙)은 사회적 관계를 나타낼 때 쓰이기도 한다.

사회적으로 강자가 약자에게 부당하게 힘을 과시하는 것을 '갑질'이라 하고, 힘이나 영향력이 있는 사람과 없는 사람 간에 사회적 관계가 형성될 때 '갑을 관계'라고 표현하는 것도 이러한 특성 때문이라 하겠다.

갑을 관계라는 말은 우리를 도전정신으로 불타오르게도 하지만 냉혹한 현실 앞에 좌절하게도 만든다.

하지만 세상에 변하지 않는 것은 없다.

낮은 밤이 되고 음지가 양지로 되듯이, 시간이 흐르면 모든 것이 변한다. 사랑도 생명도 시간이라는 연속성 앞에 영원할 수 없는 것이 영원한 진리이다.

갑과 을의 관계에서도 상황에 따른 갑은 있어도 영원한 갑은 없다.

지금 내가 갑이라고 해서 내 자식이 내 자손이 영원히 갑이 된다는 것은 장담할 수 없는 일이다. 또 내가 지금 을이라고 해서 내 자식이 내 자손이 영원히 을에 머물러

있는 것도 아니다.

갑을이라는 인연의 끈이 풀리는 순간 각자 자기가 있어야 할 또 다른 자리로 가는 것이다.

그래서 삶 앞에 겸손하고, 나와 인연을 맺은 사람들을 존중하는 마음가짐이 필요한 것이다.

병(丙)

　병(丙)은 양화(陽火)로 태양, 화산, 거대한 용광로 등을 상징한다.

　밝고 열정적이며 실수에 연연하지 않는다. 배짱이 있고 어디서나 당당하고 어려움에 굴하지 않는다. 또 매사에 적극적이고 진취적이며 사람들을 이끄는 카리스마가 있다.

　태양은 착한 사람이든 나쁜 사람이든 잘 살건 못 살건 상관없이 공평하게 햇살을 비추어 준다. 따라서 어느 한쪽으로 치우치지 않고 공평하게 일을 처리한다.

사회생활을 하다 보면 갑질을 당하는 경우가 종종 있다. 그런 상황을 맞았을 때 현실에 좌절하지 말고, '나는 병(丙)이야!'라는 생각을 가졌으면 한다.

그 이유는 병(丙)이 가장 강한 양의 기운이라서가 아니다.

태양이 지평선에서 떠오를 때는 그 힘이 극히 미약하지만, 한낮이 되면 따사로운 손길로 만물을 자라게 하고 어두운 곳을 비추어 세상을 밝게 한다.

비록 지금은 갑질 앞에 아무 힘도 없는 병(丙)이지만, 인생길 어느 자리에서 찬란한 빛으로 세상을 밝히는 존재가 될 수 있기 때문이다.

이솝 우화에 나오는 태양과 바람은 지나가는 나그네를 상대로 힘자랑을 한다. 바람이 거셀수록 나그네는 옷을 꼬옥 감싸며 움켜쥐었지만, 태양의 입김이 더해질수록 자연스레 옷을 하나씩 벗었다.

여기서 옷은 단순히 몸을 감싸는 천 조각이 아니라 마음을 감싸고 있는 문을 상징한다고 볼 수 있다. 태양처럼 따뜻한 마음을 가진 사람에게 마음의 문을 열게 된 것이다.

따뜻한 마음은 선한 영향력이다.

나와 다른 상대방을 인정하고 차마 어찌하지 못하는 인간의 근원적인 착한 본성을 지켜나갈 때 우리는 잃어버린 인간성을 회복하게 되고 더불어 살아가는 사회를 만들 수 있다.

정(丁)

정(丁)은 음화(陰火)로 달, 별, 촛불, 전등불 등을 상징하는데, 이들은 태양이나 용광로처럼 뜨겁지 않고 온화하다.

자기주장을 강하게 내세우지 않지만 은근한 고집이 있고, 윗사람을 공경하면서 잘 따른다.

달빛이 어두운 밤길을 밝혀 사람들을 안내하듯이 사람들을 위한 대중적이고 공적인 일에 관심이 많다.

무(戊)

무(戊)는 양토(陽土)로 대륙이나 논, 밭, 평야 등의 넓은 땅을 상징한다.

대지는 만물을 품고 자라나게 하는 어머니 같은 존재로 사람의 마음을 편안하게 하고 포용하는 능력이 뛰어나며, 참을성이 많다.

또 믿음직스럽고 말과 행동이 중후하며, 어려운 상황에서도 내색하지 않고 일을 처리한다.

기(己)

기(己)는 음토(陰土)로 화분의 흙, 정원 등 작은 영역의 땅을 상징한다.

다른 기운을 포용하고 중재하는 능력이 탁월하다.

심리상태가 안정적이고 마음이 너그럽다. 타인에게 겸손하고 자기관리를 잘하며 인내력이 아주 강하다.

이들은 웬만해서는 속마음을 밖으로 표현하지 않는다. 겉으로는 조용하고 자기주장이 강하지 않는 듯하지만, 내면에 은근한 고집을 품고 있다.

경(庚)

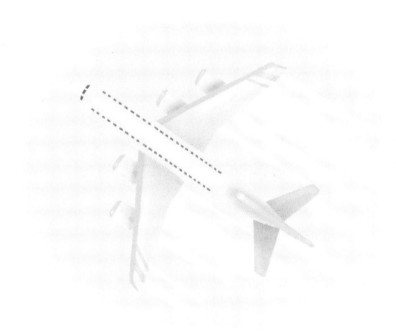

경(庚)은 양금(陽金)으로 철, 바위, 동굴, 비행기, 선박 등을 상징한다.

자존심이 강하고 생각과 의지가 단단하다. 추진력이 강하고 인간관계에서 맺고 끊음이 분명하다. 자기주장이 확실하고 원리원칙을 중시한다.

비행기 소리는 멀리서도 들리는 것처럼 자신의 존재를 확실하게 드러내려는 심리가 있다.

신(辛)

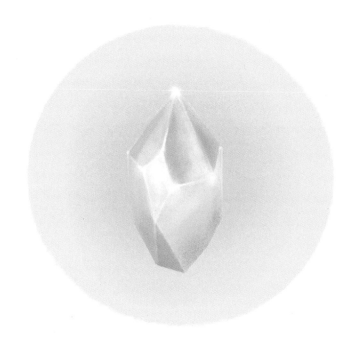

신(辛)은 음금(陰金)으로 보석, 바늘, 칼, 날카로운 쇠붙이 등을 상징하고, 경(庚)보다 강한 성격적 특성을 보인다.

자기주장이 매우 강하고, 타인에 대한 배려심과 이해심이 다소 부족하다. 바늘이나 날카로운 쇠붙이는 조심히 다루어야 하듯이 이들은 섬세하고 예민하며, 상대방의 실수를 너그럽게 받아들이지 못한다. 또 관계가 소원해지거나 싫어하는 사람과는 관계 개선을 하려고 하지 않는다. 한마디로 이들의 눈 밖에 나면 두 번 다시 들어갈 수 없게 된다.

특히 일간이 신(辛)인 사람은 까칠한 면이 강하기 때문에 이들과 일을 추신하거나 인간관계를 맺을 때는 내 주장을 내세우기보다는 이들의 의견을 경청하려는 노력이 필요하다.

일간에 신(辛)이나 계(癸)가 있는 사람은 직설적인 말을 잘해서 주변 사람들이 힘들어하는 경우가 많다. 이들은 본인들이 아무렇지 않게 하는 말이나 행동이 타인에게는 상처가 될 수 있다는 것을 알지 못한다.

고집에서는 경(庚)과 신(辛)이 자기주장이 명확하고 강하지만, 무(戊)와 기(己)의 은근한 고집은 누구도 따라갈 수가 없다. 특히 일주가 무진(戊辰), 무술(戊戌), 기축(己丑), 기미(己未)이면서 사주에 토가 3개 이상이 되는 사람은 겉으로 드러나지는 않지만 고집이 아주 강해서 다른 사람 말은 들으려 하지 않고 자기 생각대로 행동한다.

세상에 고집 없는 사람은 없다.

더하고 덜하고 차이지 누구나 자기만의 생각과 아집은 있기 마련이다. 문제는 모든 인간관계는 상호 양보와 소통을 바탕으로 이루어져야 그 관계가 지속되고 진전된다는 것이다. 그러기 위해서는 각자 자신이 어떤 사람인지 정확하게 아는 것이 필요하다.

자아 성찰이 이루어져야 관계 개선을 하든 마음 치유를 하든 그다음 단계로 나아갈 수 있기 때문이다.

임(壬)

임(壬)은 모든 생명의 근원인 물의 기원을 의미한다.

양수(陽水)로 바다, 호수, 강 등 큰물을 상징한다.

총명하고 지혜로우며, 타인에 대해 너그럽고 배려심이 깊다. 문학이나 예술 방면에 재능이나 취미가 있고, 감상력이 풍부하다.

임(壬)일에 태어난 사람은 선비적인 풍모를 지니고 있고 말이나 행동이 중후하다.

계(癸)

계(癸)는 음수(陰水)로 음 기운이 가장 강하고, 시냇물, 이슬비, 눈, 얼음 등을 상징한다.

총명하고 지혜로우며 문예와 예술 방면에 재능과 취미가 있다.

예민하고 섬세하며 감수성이 풍부하다. 창의력이나 기획력이 탁월하다.

Chapter 4

사시사철에

따른

심리분석

1. 자(子) · 축(丑) · 인(寅) · 묘(卯) · 진(辰) · 사(巳) · 오(午) ·
   미(未) · 신(申) · 유(酉) · 술(戌) · 해(亥)

2. 황금 돼지해에 태어난 사람은 다 부자가 되는거야?

3. 띠 조합은 몇 개로 이루어져 있을까?

지지(地支)에서 땅 지(坤)는 토(土)와 이조사 아(也)로 구성뇌고, 어머니처럼 만물을 품고 길러내는 땅을 의미한다. 지탱할 지(支)는 열 십(十)과 또 우(又)가 결합된 것으로, 지탱하다 유지하다 등의 뜻을 담고 있다. 지지(地支)는 12개 글자로 구성되어 있어서 십이지지(十二地支)라 부른다.

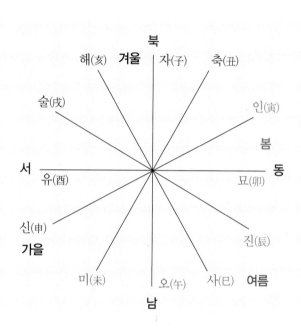

〈표-6〉 십이지지 계절과 방위도

십이지지 구성을 살펴보면, 자(子), 축(丑), 인(寅), 묘(卯), 진(辰), 사(巳), 오(午), 미(未), 신(申), 유(酉), 술(戌), 해(亥)의 12가지 동물을 상징한 것으로 년지는 일 년, 월지는 열두 달, 일지는 하루, 시지는 12시진(時辰)[1]을 나타낸다.

지지는 방위도 나타내는데, 저녁에 북두칠성의 자루가 1월에는 인(寅), 2월에는 묘

---

1) 예전에는 2시간을 한 시진(時辰)으로 나타냈다.

(卯), 3월에는 진(辰), 4월에는 사(巳), 5월에는 오(午), 6월에는 미(未), 7월에는 신(申), 8월에는 유(酉), 9월에는 술(戌), 10월에는 해(亥), 11월에는 자(子), 12월에는 축(丑) 방향을 가리킨다.

	동물	달(음력)	계절	절기	시간	음양	오행
자(子)	쥐	11	겨울	대설	23:31~01:30	양(음)	수(水)
축(丑)	소	12	환절기	소한	01:31~03:30	음	토(土)
인(寅)	호랑이	1	봄	입춘	03:31~05:30	양	목(木)
묘(卯)	토끼	2	봄	경칩	05:31~07:30	음	목(木)
진(辰)	용	3	환절기	청명	07:31~09:30	양	토(土)
사(巳)	뱀	4	여름	입하	09:31~11:30	음(양)	화(火)
오(午)	말	5	여름	망종	11:31~13:30	양(음)	화(火)
미(未)	양	6	환절기	소서	13:31~15:30	음	토(土)
신(申)	원숭이	7	가을	입추	15:31~17:30	양	금(金)
유(酉)	닭	8	가을	백로	17:31~19:30	음	금(金)
술(戌)	개	9	환절기	한로	19:31~21:30	양	토(土)
해(亥)	돼지	10	겨울	입동	21:31~23:30	음(양)	수(水)

〈표-7〉 십이지지 상징

자(子)

　자(子)는 지지 중에서 첫 번째 오는 글자로 쥐를 상징하고, 음력으로 11월이다. 시간은 전날 밤 11시 31분에서 다음 날 01시 30분까지이다. 예전에는 밤 11시가 넘으면 다음 날이라고 했는데, 요즘은 밤 11시 31분이 넘으면 다음 날이라고 본다.

　세계의 모든 나라는 영국의 그리니치 천문대를 지나는 경도 0도의 그리니치 자오선을 기준으로 표준시를 정하게 되어있다. 우리나라의 표준시는 동경 127도 30분을 기준으로 했었는데, 일제강점기를 지나면서 몇 번의 변경을 거친 후 지금은 국제 협

약에 따라 일본을 지나는 동경 135도를 표준시로 사용하고 있다. 동경 127도 30분과 동경 135도는 약 30분 정도 시간 차이가 나기 때문에, 지금 밤 11시 30분은 옛날 밤 11시와 같은 것이다.

만약 갑오(甲午)일 밤 11시 30분을 넘어서 태어나면 그 아기의 일주는 갑오(甲午)가 아니라 다음 날인 을미(乙未)가 된다.

자(子)는 양수(陽水)이지만 겨울의 한 가운데이기 때문에 음 기운이 가장 강해서 음수(陰水)로 해석한다.

성격적 특성은 총명하고 지혜롭고 감각적이다.

축(丑)

축(丑)은 소를 상징하고 음력 12월이며 시간은 새벽 1시 31분부터 3시 30분까지이다. 축(丑)은 물을 품고 있는 축축한 흙이고 음토(陰土)이다.

농경사회에서 소는 중요한 자산이면서 부지런하고 우직함의 상징이었다. 또 고집이 아주 센 사람을 '황소고집'이라고 했다.

성실하고 인내력이 강하며, 자신이 목표한 일을 꾸준히 해나간다.

인(寅)

인(寅)은 호랑이를 상징하고, 음력 1월이며, 시간은 새벽 3시 31분부터 5시 30분까지이다.

인(寅)은 해(亥), 자(子), 축(丑) 겨울을 뚫고 나온 기운이라 자존심과 명예욕이 강하고 적극적이다.

말보다는 행동이 우선이고, 약한 사람을 도와주는 따뜻함이 있다. 겉으로는 강해 보이지만 목(木)이 상징하는 차마 어찌하지 못하는 마음인 측은지심을 지니고 있다.

묘(卯)

묘(卯)는 토끼를 상징하고, 음력 2월이며, 시간은 새벽 5시 31분부터 7시 30분까지로 이른 아침이다.

음목(陰木)이고, 봄의 한 가운데 있어서 목 기운이 가장 강하고 순수하다.

겉으로는 온순하고 사람들과 잘 어울리는 것처럼 보이지만, 자신만의 소신이 강하다.

실질적인 이익에 밝은 면이 있다.

진(辰)

　진(辰)은 봄을 지나 여름으로 가기 전 환절기에 해당하는 음력 3월이고, 용을 상징한다. 시간은 아침 7시 31분부터 9시 30분까지이다. 진(辰)은 양토(陽土)이고 물을 품고 있다.

　적극적이고 진취적이며, 자기주장과 고집이 아주 강해서 인간관계에서 다소 어려움이 있을 수 있다.

　용은 하늘을 날아다니는 신령한 동물이므로 명예욕이 강하다.

사(巳)

사(巳)는 여름의 시작으로 음력 4월이고, 뱀을 상징한다. 시간은 오전 9시 31분부터 11시 30분까지이다. 사(巳)는 원래 음화(陰火)인데 양의 기운이 절정을 향해 가기 때문에 양화(陽火)로 해석한다.

호랑이는 지상의 동물에서 권위가 가장 높고, 용은 가상의 동물이지만 하늘을 날아다니며 조화를 부리는 동물로 묘사되고 있다. 뱀은 땅에 기어 다니는 동물이지만 이무기를 거쳐 용이 되기 위해 오랜 수행을 거치는 동물로 묘사되고 있다.

비록 민담이나 설화로 내려오는 이야기지만 뱀은 용이 되는 것이 목표이기 때문에 명예욕이 강하다.

또 자기 일에 대한 열정이 대단하다.

민담에 따르면, 뱀이 용으로 승천하기까지는 천년의 세월을 견뎌야 한다. 기나긴 세월 동안 살아남으려면 상황에 따른 처신을 잘해야 하고 감정에 휘둘려서도 안 된다. 그래서 총명하고 사고적이며 이성적이고 논리적이다.

오(午)

　오(午)는 한여름의 절정에 달하는 시기로 음력 5월이고, 말을 상징한다. 시간은 오전 11시 31분부터 오후 1시 30분까지이다.

　오(午)는 양화(陽火)이지만 이때부터 한 점의 음(陰)이 숨어들기 때문에 음화(陰火)로 본다.

　말은 아름다운 동물이면서 옛날에는 가장 빠른 이동 수단이었다.

　활동성이 강하고 우호성이 좋으며, 명예를 중요하게 생각한다.

미(未)

미(未)는 여름의 끝자락인 환절기로 음력 6월이다.

양을 상징하고, 시간은 오후 1시 31분부터 3시 30분까지다. 음토(陰土)이고, 화(火)를 품고 있어서 뜨겁고 마른 흙이다.

양은 겉으로는 순하게 보이고 적극적으로 나서지 않아서 다른 사람의 의견을 따르는 것처럼 보이지만, 고집이 세고 자기 생각대로 밀고 나간다.

자존심이 아주 강하고 매사에 신중하다.

신(申)

신(申)은 가을의 시작이지만, 음력 7월이고 양력으로는 8월에서 9월 초까지라 아직 화(火) 기운이 남아 있다.

원숭이를 상징하고, 양금(陽金)이며, 시간은 오후 3시 31분부터 5시 30분까지이다.

신(申)은 날 일(日)과 뚫을 곤(丨)이 결합된 것으로, 뚫을 곤(丨)은 하늘의 뜻을 땅에 전달한다는 의미가 담겨 있다.

그래서 일지에 신(申)이 있는 사람은 직감력이 뛰어나고, 사물과 사람에 대한 변별력이 우수하다.

만약 일지가 아닌 년지나 월지, 혹은 시지에 신(申)이 있으면서 일지와 합을 하면 뛰어난 직감력과 변별력을 지니게 된다.

재주가 많고 사교성이 좋으며 사람들과 잘 화합한다.

유(酉)

유(酉)는 음력 8월이고, 가을의 한 가운데이므로 금(金) 기운이 가장 강하다. 닭을 상징하고, 음금(陰金)이며, 시간은 오후 5시 31분부터 저녁 7시 30분까지이다.

신경이 예민하고, 맺고 끊음이 확실하다.

자기주장이 아주 강하고 타인의 일에 간섭이 많으며, 모험적이고 자유로운 성향을 띤다.

술(戌)

술(戌)은 음력 9월이고, 한 해 수확을 갈무리하는 환절기이다.

개를 상징하고, 시간은 저녁 7시 31분부터 밤 9시 30분까지이다. 술(戌)은 양토(陽土)이고, 화(火)를 품고 있어서 마른 흙이다.

주인을 향한 일편단심을 보여주는 개에 대한 일화가 많다.

한결같은 마음으로 충실하고, 의리와 희생정신이 강하다.

고집이 세고 자기주장이 강하다.

해(亥)

해(亥)는 음력 10월이고, 겨울이 시작되는 시기이다.

돼지를 상징하고, 시간은 밤 9시 31분부터 11시 30분까지이다.

음수(陰水)이지만 천간 임(壬)이라는 큰물을 품고 있어서 양수(陽水)로 본다.

일반적으로 돼지는 욕심이 많고 더러운 동물로 묘사되는데 그렇지 않다. 집안이 어질러져서 엉망일 때도 '돼지우리 같다.'라는 말을 하는데, 실제로 돼지를 사육하는 공간은 청결해야 한다.

순수하고, 정직하며, 인정이 많은 성격적 특성을 보인다.

토(土)에 관하여 못다한 이야기

십이지지 중에서 진(辰), 술(戌), 축(丑), 미(未)는 토(土)를 상징한다. 토는 은근한 고집이 세다.

그래서 일지에 진(辰), 술(戌), 축(丑), 미(未)가 있는 사람은 기본적으로 고집이 세고 자기주장이 강하다고 봐야 한다.

오행	목(木)		화(火)		토(土)		금(金)		수(水)	
음양	양	음	양	음	양	음	양	음	양	음
천간	甲 갑	乙 을	丙 병	丁 정	戊 무	己 기	庚 경	辛 신	壬 임	癸 계
지지	寅 인	卯 묘	巳 사	午 오	辰진 戌술	丑축 未미	申 신	酉 유	亥 해	子 자
계절	봄		여름		환절기		가을		겨울	
방향	동		남		중앙		서		북	
색상	청색계열		적색계열		황색계열		백색계열		흑색계열	
숫자	3 8		2 7		5 10		4 9		1 6	
글자	ㄱ ㅋ		ㄴㄷㅌㄹ		ㅇ ㅎ		ㅅ ㅈ ㅊ		ㅁ ㅂ ㅍ	
덕목	인(仁)		예(禮)		신(信)		의(義)		지(智)	
기온	따뜻함		뜨거움		변화		서늘함		차가움	
맛	신맛		쓴맛		단맛		매운맛		짠맛	
건강	간 쓸개 췌장 뼈 근육 관절 신경 유방		심장 소장 눈 화병 중풍 뇌질환 정신과 혈관계통		위장 비장 당뇨 산부인과 비뇨기과		폐 대장 치아 치질 근육 인대 강박증		신장 방광 우울증 무기력증 산부인과 비뇨기과	

〈표-8〉 천간과 지지 글자 상징

〈표-8〉은 사주팔자를 구성하는 천간과 지지에 있는 글자가 상징하는 것들을 종합적으로 나타낸 것이다.

첫 번째 줄은 목(木), 화(火), 토(土), 금(金), 수(水) 오행이고, 두 번째 줄은 오행을 음(陰)과 양(陽)으로 나눈 표시이다. 세 번째 줄은 천간 열 글자이고, 네 번째 줄은 지지 열두 글자이다.

이때 천간은 순서대로 나열되어 있지만 지지는 천간 글자와 같은 음양과 오행에 배치되어 있다. 예를 들어 천간 글자 병(丙)과 지지 글자 사(巳)는 같은 양화(陽火)에 해당한다.

천간은 갑(甲)을 시작으로 을(乙), 병(丙), 정(丁), 무(戊), 기(己), 경(庚), 신(辛), 임(壬), 계(癸)가 양, 음, 양, 음, 양, 음, 양, 음, 양, 음 순으로 구성되어 있다.

반면에 지지에서 자(子)는 양이지만 음 작용을 하므로 음으로, 해(亥)는 음이지만 양 작용을 하므로 양으로 해석한다. 또 사(巳)는 음이지만 양 작용을 하므로 양으로, 오(午)는 양이지만 음 작용을 하므로 음으로 해석한다. 따라서 지지는 자(子), 축(丑), 인(寅), 묘(卯), 진(辰), 사(巳), 오(午), 미(未), 신(申), 유(酉), 술(戌), 해(亥)가 양(음), 음, 양, 음, 양, 음(양), 양(음), 음, 양, 음, 양, 음(양) 순으로 배치된다.

천간은 음과 양을 쉽게 구분할 수 있지만, 지지는 사(巳)와 오(午), 해(亥)와 자(子)의 음양 구분이 쉽지 않다. 이들을 쉽게 암기하는 방법이 있는데 다음과 같다.

미디어 매체가 발달하지 못했던 시대에 라디오는 사람들에게 정보를 알리고 감성을 불러일으키는 주요 통신 수단이었다. 1971년에 방송을 시작한 '정오의 희망곡'은 사연과 음악을 통해 청취자들의 마음을 달래던 라디오 프로그램이었다.

이 프로그램의 명칭을 변형하여 '정오의 병사'라고 기억하면 쉽게 음양을 구분할 수 있다. 병(丙)은 하늘의 태양이므로 양이고, 정(丁)은 달이나 별을 상징하므로 음이라는 것은 쉽게 알 수 있다. 따라서 오(午)는 정(丁)과 같이 음이고, 사(巳)는 병(丙)과 같이 양이 된다.

또 2000년대에 '사오정'이라는 신조어가 생겼는데, 사오정은 삼장법사, 손오공, 저팔계와 함께 여행을 떠나는 그 사오정이 아니라 당시 정년의 나이가 되지 않았는데

도 직장에서 나와야 하는 직장인들의 치지를 나타낸 '45세에는 정년 퇴임을 한다.'라는 말을 줄인 것이다. 한창 일할 45세에 정년 퇴임을 한다는 것은 해임을 당한다는 뜻이었다.

자신의 젊음과 열정을 바치며 일했던 직장에서 갑작스럽게 해임을 당하면 자괴감이 들 수밖에 없다.

이 구절을 변형하여 '해임(亥壬)을 당하면 자계(子癸)감이 든다.'라고 기억하면 해(亥)와 자(子)의 음양을 쉽게 구분할 수 있을 것이다.

일곱 번째는 오행이 나타내는 색상이 표시되어 있는데, 목(木)은 청색 즉 푸른색 계열로 파랑, 하늘, 초록, 연두, 네이비 등이 해당한다.

화(火)는 적색 즉 붉은색 계열로 빨강, 분홍, 주황, 다홍 등이다.

토(土)는 황색 즉 노란색 계열로 황금, 노랑, 베이지, 갈색 등이다.

금(金)은 백색 즉 흰색 계열로 흰색, 회색, 아이보리 등이다.

수(水)는 흑색 즉 검은색이다.

맨 아래는 건강을 나타내는데, 목(木), 화(火), 토(土), 금(金), 수(水)는 각각의 인체기관과 연계되어 있다.

사주팔자 내의 천간과 지지 글자들은 다른 천간과 지지 글자들과 합을 하거나 서로 부딪히면서 해당 오행이 나타내는 인체기관이 약해진다. 또 대운과 년운에서 들어오는 글자와 합을 하거나 부딪히면서 건강상에 문제가 발생하게 된다. 이때 천간은 천간끼리, 지지는 지지끼리 상호작용한다.

2023년 계묘(癸卯)년을 예로 들면, 내 사주에서 천간에 정(丁)이 있으면 계(癸)가 들어와서 누르기 때문에 화에 해당하는 인체기관이 약해진다. 또 기(己)가 있는 사람은 계(癸)가 들어왔을 때 수에 해당하는 인체기관에 무리가 갈 수 있다.

만약 천간에 정(丁)이 있지만 갑(甲)이나 을(乙)이 있으면 계(癸)의 기운을 빼서 오히려 화를 도와주게 되고, 무(戊)가 있으면 무(戊)와 계(癸)가 합을 해서 화(火)가 되므로 그 영향력이 약해진다.

천간에 기(己)가 있지만 다른 천간에 경(庚)이나 신(辛)이 있으면 토(土)→금(金)→수(水) 순으로 도와주기 때문에 계(癸)에 해당하는 인체기관의 타격이 약해진다.

사주팔자 내에서 정(丁)과 계(癸)가 부딪히면 정(丁)이 타격을 입고, 계(癸)와 기(己)가 부딪히면 계(癸)가 타격을 입지만, 대운이나 년운에서 이러한 글자들이 들어오면 누르는 글자든 눌리는 글자든 해당 글자가 상징하는 오행의 인체기관에 무리가 간다. 왜냐하면, 외부에서 들어오는 운은 전속력으로 뛰어들어오기 때문이다. 두 물체가 부딪히면 어느 쪽이 더 많은 타격을 입고 덜 입느냐의 차이지 서로 타격을 입게 되는 이치이다.

지지에 유(酉)가 있으면 묘유(卯酉)가 둘이 부딪혀 해당 인체기관에 문제가 생기게 된다. 이때 지지에 진(辰)이 있어서 진(辰)과 유(酉)가 합을 하거나, 사(巳)나 축(丑)이 있어서 합을 하거나, 해(亥)가 있어서 해묘(亥卯) 합을 하거나, 술(戌)이 있어서 묘술(卯戌) 합을 하면 부딪히는 영향력이 약해지지만, 앞서 말한 것처럼 묘(卯)와 유(酉)에 해당하는 목(木)과 금(金) 건강이 약해진다.

황금 돼지해에 태어난 사람은
다 부자가 되는 거야?

해마다 연초가 되면 그 해는 어떤 동물의 해이고 그 동물이 상징하는 의미는 무엇인지에 대한 이야기가 많이 나온다.

한때 황금 돼지해에 태어나면 평생 부자로 산다고 해서 출산율이 올라간 해가 있었다. 이러한 현상은 황금이 부(富)를 상징하고, 돼지가 다산(多産)과 다복(多福)을 상징한다는 인식에서 생겨난 것이다.

그 해가 어떤 동물의 해라는 것은 천간에 있는 글자가 나타내는 오행의 색깔과 지지에 있는 동물을 조합해서 나온 말이다.

기해(己亥)년은 기(己)가 상징하는 황색 즉 황금색, 해(亥)가 상징하는 돼지가 합쳐져서 황금 돼지해가 된다.

황금색이라고 하는 이유는 노란색이라고 하는 것보다 황금이라고 하면 더 좋아 보이기 때문이다. 황금은 재물을 상징하므로 부자가 되고 싶은 사람들의 심리가 반영된 것이다.

다른 띠들도 이 법칙에 따라 아래·위로 글자가 조합을 이룬다.

무술(戊戌)년이면 무(戊)가 황금색이고, 술(戌)은 개를 상징하므로 황금 개띠해가 된다. 2023년은 계묘(癸卯)년으로 계(癸)의 검은 색, 묘(卯)의 토끼가 조합해 검정 토끼해가 된다. 2024년은 갑진(甲辰)년으로 갑(甲)이 상징하는 청색, 진(辰)이 상징하는 용이 조합해 청룡의 해가 된다.

동물과 색상이 어떻게 조합되는지는 걱정하지 않아도 된다. 만세력 앱에는 천간과 지지 글자들이 나타내는 오행에 따라 색이 칠해져 있기 때문에 그 해가 어떤 동물의 해인지 쉽게 알 수 있다.

황금 돼지해라고 해서 모두 잘 살고 복이 많은 것은 아니다.

상스러운 동물의 해에 태어난 사람이 다 잘 산다는 논리라면 그해에 태어난 사람들은 모두 부자가 되어야 하는데 실상은 그렇지 않다.

띠가 중요한 것이 아니라 개인의 사주 구성과 운이 어떻게 작용하고 선택의 갈림길에서 어떤 선택을 하느냐에 따라 인생행로가 펼쳐지는 것이다.

띠 조합은 몇 개로 이루어져 있을까?

띠 조합은 60개이다. 그래서 60갑자라고 한다.

갑자(甲子)에서 시작해서 천간은 을(乙), 병(丙), 정(丁), 무(戊), 기(己), 경(庚), 신(辛), 임(壬), 계(癸) 순서로 나열되고, 지지는 축(丑), 인(寅), 묘(卯), 진(辰), 사(巳), 오(午), 미(未), 신(申), 유(酉), 술(戊), 해(亥) 순서로 나열된다. 갑자(甲子), 을축(乙丑), 병인(丙寅), 정묘(丁卯), 무진(戊辰) 순으로 조합되는데, 그 순서는 다음과 같다.

60개 천간과 지지 조합									
甲갑 子자	乙을 丑축	丙병 寅인	丁정 卯묘	戊무 辰진	己기 巳사	庚경 午오	辛신 未미	壬임 申신	癸계 酉유
甲갑 戊술	乙을 亥해	丙병 子자	丁정 丑축	戊무 寅인	己기 卯묘	庚경 辰진	辛신 巳사	壬임 午오	癸계 未미
甲갑 申신	乙을 酉유	丙병 戊술	丁정 亥해	戊무 子자	己기 丑축	庚경 寅인	辛신 卯묘	壬임 辰진	癸계 巳사
甲갑 午오	乙을 未미	丙병 申신	丁정 酉유	戊무 戊술	己기 亥해	庚경 子자	辛신 丑축	壬임 寅인	癸계 卯묘
甲갑 辰진	乙을 巳사	丙병 午오	丁정 未미	戊무 申신	己기 酉유	庚경 戊술	辛신 亥해	壬임 子자	癸계 丑축
甲갑 寅인	乙을 卯묘	丙병 辰진	丁정 巳사	戊무 午오	己기 未미	庚경 申신	辛신 酉유	壬임 戊술	癸계 亥해

〈표-9〉 60갑자 순서도

Chapter 5

10가지
성격유형

일간을 중심으로 다른 천간과 지지에 있는 글자들이 어떤 관계를 형성하는가에 따라 10가지 이름이 정해지는데, 이것을 십성(十星)이라고 한다.

십성은 개인의 기질과 성격적 특성을 나타내는 10가지 유형으로 비견, 겁재, 식신, 상관, 편재, 정재, 편관, 정관, 편인, 정인으로 구분되는데, 그 명칭은 일간의 음양과 오행을 기준으로 한다.

만약 일간이 갑(甲)이면 천간 글자 갑(甲), 을(乙), 병(丙), 정(丁), 무(戊), 기(己), 경(庚), 신(辛), 임(壬), 계(癸)와 지지 글자 자(子), 축(丑), 인(寅), 묘(卯), 진(辰), 사(巳), 오(午), 미(未), 신(申), 유(酉), 술(戌), 해(亥)와의 관계에 따른 명칭이 정해진다.

십성은 크게 5가지로 분류할 수 있는데, 비겁(비견, 겁재), 식상(식신, 상관), 재성(편재, 정재), 관성(편관, 정관), 인성(편인, 정인)으로 구분된다. 십성은 오행과 마찬가지로 도와주는 관계와 누르는 관계로 이루어져 있다.

도와주는 관계를 살펴보면, 비겁은 식상을, 식상은 재성을, 재성은 관성을, 관성은 인성을, 인성은 비겁을 도와준다.

누르는 관계를 살펴보면, 비겁은 재성을, 재성은 인성을, 인성은 식상을, 식상은 관성을, 관성은 비겁을 누른다. 이들의 관계를 세분화해서 살펴보면, 비견은 편재, 겁재는 정재, 식신은 편관, 상관은 정관, 편재는 편인, 정재는 정인, 편관은 비견, 정관은 겁재, 편인은 식신, 정인은 상관을 누른다.

십성의 관계를 표로 나타내면 다음과 같다.

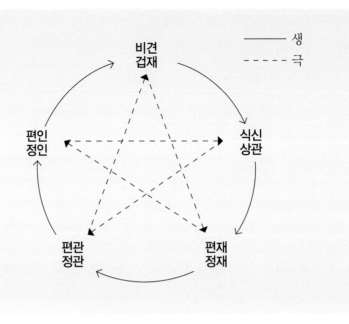

<그림-10> 10가지 유형의 생과 극

명조 내의 십성은 만세력 앱에서 천간은 글자 위에, 지지는 글자 밑에 표기되어 있다. 일간을 기준으로 년간, 월간, 시간에 있는 십성 유형을 표로 나타내면 다음과 같다.

만약 일간이 병(丙)이고 년간에 계(癸)가 있다면, 맨 왼쪽 병(丙)과 위에 나열된 계(癸)와 만나는 지점에 있는 정관이 계(癸)의 십성 유형이 된다.

일간	년간, 월간, 시간에 있는 글자									
	甲	乙	丙	丁	戊	己	庚	辛	壬	癸
甲	비견	겁재	식신	상관	편재	정재	편관	정관	편인	정인
乙	겁재	비견	상관	식신	정재	편재	정관	편관	정인	편인
丙	편인	정인	비견	겁재	식신	상관	편재	정재	편관	정관
丁	정인	편인	겁재	비견	상관	식신	정재	편재	정관	편관
戊	편관	정관	편인	정인	비견	겁재	식신	상관	편재	정재
己	정관	편관	정인	편인	겁재	비견	상관	식신	정재	편재
庚	편재	정재	편관	정관	편인	정인	비견	겁재	식신	상관
辛	정재	편재	정관	편관	정인	편인	겁재	비견	상관	식신
壬	식신	상관	편재	정재	편관	정관	편인	정인	비견	겁재
癸	상관	식신	정재	편재	정관	편관	정인	편인	겁재	비견

〈표-11〉 천간 십성표

일간을 기준으로 년지, 월지, 일지, 시지에 있는 십성 유형을 표로 나타내면 다음
과 같다.

일간	년지, 월지, 일지, 시지에 있는 글자										
	子	丑	寅	卯	辰	巳	午	未	申	酉	戌	亥
甲	정인	정재	비견	겁재	편재	식신	상관	정재	편관	정관	편재	편인
乙	편인	편재	겁재	비견	정재	상관	식신	편재	정관	편관	정재	정인
丙	정관	상관	편인	정인	식신	비견	겁재	상관	편재	정재	식신	편관
丁	편관	식신	정인	편인	상관	겁재	비견	식신	정재	편재	상관	정관
戊	정재	겁재	편관	정관	비견	편인	정인	겁재	식신	상관	비견	편재
己	편재	비견	정관	편관	겁재	정인	편인	비견	상관	식신	겁재	정재
庚	상관	정인	편재	정재	편인	편관	정관	정인	비견	겁재	편인	식신
辛	식신	편인	정재	편재	정인	정관	편관	편인	겁재	비견	정인	상관
壬	겁재	정관	식신	상관	편관	편재	정재	정관	편인	정인	편관	비견
癸	비견	편관	상관	식신	정관	정재	편재	편관	정인	편인	정관	겁재

〈표-12〉 지지 십성표

5가지 유형별 인간관계와 사회적 상징

비겁(比劫)

비겁은 비견(比肩)과 겁재(劫財)를 합친 말로 일간과 오행이 같은 글자이다.

비견은 일간과 오행이 같으면서 음양이 같은 글자이고, 겁재는 음양이 다른 글자이다.

만약 일간이 갑(甲)이면 갑(甲)은 양목(陽木)이므로, 양목에 해당하는 천간 갑(甲), 지지 인(寅)은 비견이고, 음목(陰木)에 해당하는 천간 을(乙)과 지지 묘(卯)는 겁재가 된다.

인간관계를 살펴보면, 비겁은 일간인 나와 같은 오행이므로 나와 비슷한 힘을 가진 사람들이다. 가정에서는 형제, 자매, 사촌, 결혼한 남녀 모두 동서를 뜻하고, 사회에서는 친구, 직장 동료, 동업자, 경쟁자 등을 상징한다.

비견은 일간과 음양이 같아서 동성이고, 겁재는 음양이 달라서 이성이라는 이론과 성별보다는 마음을 나누는 관계라는 이론 등이 있다. 음양이 같으면 서로 밀치는 작용이 일어나고, 음양이 다르면 서로 끌어당기는 작용이 일어나므로 나와 마음이 잘 통하느냐 아니냐로 보는 것이다.

사회적 관계로는 동업, 경쟁, 사람들과 만남을 상징한다.

일간에 경(庚) 혹은 신(辛)이 있거나, T-존(Zone)에 비견이나 겁재가 있거나, 사주 전체에 비견이 3개 이상이거나, 사주 전체에 겁재가 3개 이상이거나, 사주 전체에 비견과 겁재가 합쳐서 3개 이상이거나, 일간이 다른 천간에 있는 비견이나 겁재와 합을 하거나, 일지가 다른 지지에 있는 비견이나 겁재와 합을 하는 사람은 주변에 사람들이 많고 만남이 잦다.

비겁은 나와 같은 레벨의 사람이므로 비겁이 많다는 것은 친구나 동업자가 많다는 뜻도 되지만 상황에 따라 경쟁자가 많다는 것을 의미하기도 한다.

또 비겁이 많으면 사람들과 교류할 일이 많아지기 때문에 집안에서는 맏이가 아니라도 맏이 노릇을 하고, 맏며느리가 아니라도 맏며느리 역할을 하고, 종부(宗婦)가 아니라도 종부의 책무를 떠맡게 되는 경우가 많다. 사회적으로는 각종 단체나 모임에서 회장이나 총무직을 맡아서 사람들을 이끌고 챙기는 일에 나서게 된다.

사람들과 만남이 많다는 것은 돈도 많이 나간다는 뜻이다.

아침에 눈 뜨면서부터 돈은 우리를 조른다. 나가자고.

외출을 하든 출근을 하든 신발장 앞에는 늘 돈이 기다리고 있다. 어서 같이 가자고.

기본적인 생활뿐만 아니라 인간관계에서 돈은 소중한 친구이다. 차 한잔도 밥 한끼도 돈이 있어야 하고, 혼자 외출을 해도 교통비가 들기 때문이다.

비겁이 많은 사람이 돈의 지출이 많은 것은 가족을 비롯해 배우자 집안의 가족, 친구, 어려운 사람을 위해 쓰는 돈이 많기 때문이다. 그래서 비겁이 많은 사람은 잘 베풀어야 한다. 어차피 돈이 나가도록 프로그램화된 인생이라면 좋은 마음으로 좋은 일에 내보내는 것이 좋다. 단 무조건 퍼주는 것이 아니라 자신이 할 수 있는 범위 내에서 해야 한다.

식상(食傷)

식상은 식신(食神)과 상관(傷官)을 합친 것으로 일간이 도와주는 오행 글자를 말한다.

식신은 일간이 도와주는 오행이면서 일간과 음양이 같은 글자이고, 상관은 음양이 다른 글자이다.

만약 일간이 갑(甲)이면, 갑(甲)은 목(木)이므로 목(木)이 도와주는 화(火)가 식상이 된다. 갑(甲)은 양목(陽木)이므로 양화(陽火)인 천간 병(丙), 지지 사(巳)는 식신이고, 음화(陰火)인 천간 정(丁)과 지지 오(午)는 상관이 된다.

인간관계를 살펴보면, 식상은 일간인 내가 가진 것을 내어주는 것이므로 남녀 모두 내가 도와주는 사람이다. 아랫사람이고 후배이며 하청업체 관계자 등이다. 여성에게는 자식이고, 남성에게는 아내의 어머니 즉 장모이다.

여성에게 자식인 이유는 여성은 자신의 모든 것을 내어서 도와주는 존재가 자식이기 때문이다.

식신은 음양이 같으므로 딸이고 상관은 음양이 다르므로 아들로 해석하는 이론과 앞에서 말한 음양의 밀치고 끌어당기는 작용으로 보았을 때 식신은 마음이 잘 통하지 않는 자식이고, 상관은 마음이 잘 통하는 자식으로 해석하는 이론이 있다.

남성에게 식상이 장모가 되는 원리를 살펴보면, 남성에게 재성은 여성, 아내를 의미하는데 재성은 식상이 도와준다. 여성에게는 일간인 내가 도와주는 식상이 자식이 되므로 자신의 부인인 재성에게 모든 것을 내어주는 식상은 부인의 어머니가 되는 것이다.

또 남녀 모두 할머니가 되는데, 아버지를 상징하는 재성을 도와주기 때문이다. 만약 내가 가르치는 직업을 가지고 있다면 학생도 식상이 된다.

사회적 관계로는 재능, 봉사, 도움의 손길, 프로젝트, 아이디어, 발표, 활동, 이동, 여행, 창의력을 바탕으로 만든 결과물, 일하러 나가고 싶은 마음 등을 상징한다.

식상은 내 에너지를 밖으로 내뿜기 때문에 내 안의 잠재능력과 재능을 표출하는 것을 의미하기도 한다.

그래서 일간에 임(壬)이나 계(癸)가 있거나, T-존(Zone)에 식신이나 상관이 있거나, 사주 전체에 식신이 3개 이상이거나, 상관이 3개 이상이거나, 식신과 상관이 합쳐서 3개 이상이거나, 일간이 다른 천간에 있는 식신이나 상관과 합을 하거나, 일지가 다른 지지에 있는 식신이나 상관과 합을 하는 사람은 문학·예체능·기술적 방면에 재능을 가지고 있다.

식신과 상관이 섞여 있으면 상관 기질이 주로 나타나는데, 자기가 한 일에 대해 감사 표현을 받고자 하는 마음과 타인으로부터 인정받고자 하는 욕구가 강해지게 되고, 명분에 집착한다.

내 것을 내어 보낸다는 것은 다른 사람을 도와준다는 의미도 있다. 그래서 식신이나 상관이 앞서 말한 조건으로 있는 사람은 다른 사람을 도와주려는 마음이 강하고 잘 베푼다.

또 식상은 내 의사를 표현하는 것을 나타내는데, 표현 방법에는 말을 하거나, 글을 쓰거나, 수어(手語)나 팬터마임처럼 몸으로 표현하는 방법 등이 있다.

그래서 식신이나 상관이 앞서 말한 조건으로 있는 사람은 언어능력이 뛰어나서 글을 잘 쓰거나 말을 잘 하고 외국어를 습득하는 속도가 빠르다. 다른 사람들 앞에서 발표를 하거나, 프로젝트를 수행하거나, 독특한 아이디어를 바탕으로 결과물을 잘 만들어내기도 한다.

식상은 외부활동, 이동, 여행과도 관련이 있다.

특히 상관이 위에서 말한 조건에 있으면 활동성이 강해서 외부활동을 할 때 에너지가 넘친다.

만약 대운이나 년운에서 들어오는 글자가 상관이라면, 그때는 바깥 활동이나 여행 등을 통해 에너지를 발산하는 것이 좋다.

식상에서 식(食)은 먹는다는 의미가 있다.

그래서 식신 혹은 상관이 있는 사람은 먹을 복이 있다는 이론도 있다. 가는 곳마다 때마침 그 집에서 특별식을 만들거나, 음식을 준비하고 있을 때가 많다.

재성(財星)

재성은 편재(偏財)와 정재(正財)를 합친 것으로 일간이 누르는 오행 글자를 말한다.

편재는 일간이 누르는 오행이면서 일간과 음양이 같은 글자이고, 정재는 음양이 다른 글자이다.

만약 일간이 갑(甲)이면 목(木)이 누르는 토(土)가 재성이 되므로, 양토(陽土)인 천간 무(戊)와 지지 진(辰), 술(戌)은 편재이고, 음토인 천간 기(己)와 지지 축(丑), 미(未)는 정재가 된다.

일간이 누른다는 것은 내가 관리하고 영향력을 미친다는 의미이다.

인간관계에서는 남녀에게 모두 아버지, 부하직원, 내 지시를 받고 일하는 사람 등이고, 남성에게는 여자친구, 애인, 아내가 되고, 여성에게는 시어머니, 시이모 등이 된다.

편재는 의붓아버지이고 정재는 친아버지로 해석하는 이론과 편재는 마음이 잘 통하지 않는 아버지이고 정재는 마음이 잘 통해 감정적 교류가 좋은 아버지로 해석하는 이론이 있다. 아내도 이러한 원리로 파악한다.

일간인 내가 누르는 관계에 있는 혈연이 아버지가 되는 것에 대한 논란이 있었다. 아버지는 나를 있게 한 존재인데, 자식인 내가 누른다는 것은 있을 수 없다는 유교적 생각에서이다.

남성은 자식이 생기면 무의식 속에 자식을 양육하고 교육해야 한다는 책임감이 생겨나고, 자신의 행동을 조절하게 된다. 미혼 때 하고 싶은 것을 다 하고 살았다면 자식이 생기는 순간 자신의 행동을 절제하고 생활 방식이 바뀌게 되는 것이다. 아버지는 자식으로 인해 자기 행동에 제약을 받게 되므로 재성은 아버지에 해당한다.

또 남성에게 재성이 여성이 되는 이유는 옛날에는 결혼을 하면 남성은 아내가 집안에서 생활을 잘 할 수 있도록 보호하면서 자신의 관리하에 두었기 때문이다.

사회적으로 재성은 돈과 부유함, 사람들과 어울림, 소유욕, 물욕, 육체적 욕망 등을 상징한다.

흔히 사주에 재성이 있으면 돈이 많고 없으면 돈이 없다고 하는데 그렇지 않다. 재성이 있는 사람 중에 재산이 많은 사람도 있고, 재성이 없어도 부자가 된 사람이 많기 때문에 부유함을 단순히 재성의 유무(有無)로 판단하는 것은 무리가 있다.

일간이 갑(甲) 혹은 을(乙)이거나, T-존(Zone)에 편재나 정재가 있거나, 사주 전체에 편재가 3개 이상이거나, 사주 전체에 정재가 3개 이상이거나, 사주 전체에 편재와 정재가 합쳐서 3개 이상이거나, 일간이 다른 천간에 있는 편재 혹은 정재와 합을 하거나, 일지가 다른 지지에 있는 편재 혹은 정재와 합을 하는 사람은 돈에 대한 마음과 투자심리가 강하다.

특히 편재가 4개 이상이거나 편재와 정재가 합쳐서 4개 이상인 사람은 작은 액수의 돈은 푼돈이라고 생각하고 큰돈을 벌려는 마음이 강하다. 그래서 부동산 투기, 주식, 경마, 가상화폐 등에 손을 대고, 늘 돈이 될만한 일이 있는지 찾아다닌다.

관성(官星)

관성은 편관(偏官)과 정관(正官)을 합친 것으로 일간을 누르는 오행 글자를 말한다.

편관은 일간을 누르면서 일간과 음양이 같은 글자이고, 정관은 음양이 다른 글자이다.

만약 일간이 갑(甲)이면 목(木)을 누르는 금(金)이 관성이 되므로 양금(陽金)인 천간 경(庚)과 지지 신(申)은 편관이고, 음금(陰金)인 천간 신(辛)과 지지 유(酉)는 정관이 된다.

일간인 나를 누른다는 것은 나를 힘들게 한다는 뜻으로 인간관계에서는 남녀 모두에게 직장 상사, 각종 단체에서 윗사람, 나를 힘들게 하는 사람 등이고, 남성에게는 자식, 여성에게는 남편이 된다.

여성에게 편관은 애인이고 정관은 남편이라는 이론과 편관은 나와 마음이 통하지 않고 감정 교류가 잘되지 않는 남편이고, 정관은 나와 마음이 통하고 감정 교류가 잘되는 남편으로 해석하는 이론이 있다.

남성에게 자식이 관성이 되는 이유를 살펴보면, 일간인 내가 누르는 재성이 아버지이면 아버지 입장에서는 자신을 누르고 힘들게 하는 존재가 나이다. 자식인 나는 아버지에게 책임감과 의무감을 가지게 만드는 존재이므로 관성이 되는 것이다.

여성에게 관성이 남편인 이유도 같은 이치이다.

남성에게 자신이 누르는 재성은 여성이고 배우자이므로, 여성 입장에서는 남성, 남편이 나를 누르는 관성이 되는 것이다.

사회적으로 관성은 나의 행동을 제재하는 의미가 있어서 법, 규범, 규칙 등 사회의 질서와 안녕을 유지하는 장치, 장애물, 직장, 스트레스, 책임감, 의무, 열등감 등을 나타낸다.

신분제도가 엄격했던 시대에는 사회적으로 출세할 수 있는 길이 벼슬을 받아 관직으로 나가는 방법밖에 없었기 때문에 관성을 중요하게 생각했었다. 재성을 중요하게 생각한 것은 관성을 도와주기 때문이었다.

'관성이 없으면 공무원이 될 수 없다.'라는 말을 많이 하는데 그렇지 않다. 실질적으로 관성이 없어도 공무원이 되거나 사회적으로 높은 위치에 오른 사람이 많다. 다만 관성은 윗사람과 규범, 규칙 등을 따르고, '나 혼자 잘 먹고 잘 살자'가 아니라 '더불어 잘 살자'는 생각이 강하기 때문에 공무적인 일을 담당하기에 적합한 성격적 특성을 보인다. 그래서 관성이 있는 사람이 공무원이 되면 관성이 없는 사람이 공무원이 되었을 때보다 직무 스트레스 지수가 상대적으로 낮아진다.

일간이 병(丙) 혹은 정(丁)이거나, T-존(Zone)에 편관이나 정관이 있거나, 사주 전체에 편관이 3개 이상이거나, 사주 전체에 정관이 3개 이상이거나, 사주 전체에 편관과 정관이 합쳐서 3개 이상이거나, 일간이 다른 천간에 있는 편관이나 정관과 합을 하거나, 일지가 다른 지지에 있는 편관이나 정관과 합을 하는 사람은 사회와 국가를 위한 단체나 활동에 참여하고 봉사하려는 마음이 강하다.

한편, 관성이 들어오면 일간인 나를 누르기 때문에 암이나 중병이 생긴다고 하는데 그 말이 완전히 맞는 것은 아니다.

사주에 있는 여덟 글자는 모두 내 오장육부이고 신체기관을 상징하기 때문에 각각의 글자를 치는 글자가 들어오거나, 합을 해서 그 글자가 사라질 때 해당 오행이 상징하는 신체기관에 문제가 생긴다.

일간뿐만 아니라 각 글자가 자신들의 관성을 만나면 그 부위에 문제가 생길 수 있다. 만약 사주에 병(丙)이 있는데 대운이나 년운에서 임(壬)을 만나고 임(壬)을 중재할 글자가 없으면, 병(丙) 즉 화(火)에 해당하는 신체 부위가 약해진다.

해당 신체 부위가 약해진다고 미리 걱정할 필요는 없다.

사주 내에 있는 여덟 글자들의 상호 작용을 분석하면 선천적으로 약한 인체 기관을 유추할 수 있고, 대운과 년운에서 들어오는 글자와 상호 작용을 파악하면 해당 인체기관의 건강 상태와 발병 시기를 알 수 있다.

따라서 건강에 문제가 생기기 전에 미리 식습관을 조절하고 건강검진을 통해 관리하면 충분히 건강을 돌볼 수 있다.

인성(印星)

인성은 편인(偏印)과 정인(正印)을 합친 것으로 일간인 나를 도와주는 오행 글자이다. 편인은 일간인 나를 도와주면서 일간과 음양이 같은 글자이고, 정인은 음양이 다른 글자이다.

만약 일간이 갑(甲)이면 목(木)을 도와주는 수(水)가 인성이 되므로 양수(陽水)인 천간 임(壬)과 지지 해(亥)는 편인이고, 천간 계(癸)와 지지 자(子)는 정인이 된다.

편인은 의붓어머니이고 정인은 친어머니로 해석하는 이론과 편인은 나와 마음이 통하지 않고 감정 교류가 잘되지 않는 어머니, 도움을 주는 사람, 윗사람, 선생님 등이고, 정인은 나와 마음이 통하고 감정 교류가 잘되는 어머니, 도움을 주는 사람, 윗사람, 선생님 등으로 해석하는 이론이 있다.

사회적으로 인성은 인간이 생존할 수 있도록 도움을 주는 공기, 물, 불 등 모든 자연환경과 문서, 공부, 종교, 유산, 수양 등을 상징한다.

사주에 편인이나 정인이 있으면 공부를 잘하고 없으면 공부와는 인연이 멀다고 하는데, 이것 또한 타당성이 낮다.

일간이 무(戊) 혹은 기(己)이거나, T-존(Zone)에 편인이나 정인이 있거나, 사주 전체에 편인이 3개 이상이거나, 사주 전체에 정인이 3개 이상이거나, 사주 전체에 편인과 정인이 합쳐서 3개 이상이거나, 일간이 다른 천간에 있는 편인이나 정인과 합을 하거나, 일지가 다른 지지에 있는 편인이나 정인과 합을 하는 사람은 배움이나 종교 활동과 인연이 깊다.

대운이나 년운에서 편인이나 정인이 들어오면 배우고 싶은 마음이 일어나서 공부에 흥미가 있는 사람은 공부로, 공부에 흥미가 없는 사람은 다른 것을 배우러 다니게 된다.

일간의 십성 유형은 무엇인가?

십성으로 개인의 기질과 성격을 분석할 때 일간을 기준으로 나머지 일곱 글자의 십성 유형이 정해진다. 이때 일간은 어떤 십성에 해당하는가에 대한 문제가 생긴다. 비록 일간을 기준점으로 하지만 일간 또한 사주 전체에서 십성의 속성을 가지고 있기 때문이다.

만약 일간이 기준점이기 때문에 무조건 비견이라고 한다면 갑(甲)을 비롯해 을(乙), 병(丙), 정(丁), 무(戊), 기(己), 경(庚), 신(辛), 임(壬), 계(癸)가 올 때의 해석에 대한 문제가 생긴다. 일간에 갑(甲)이 와도 비견이고 병(丙)이나 계(癸)가 와도 비견이라면 일간 자체가 가지고 있는 십성의 속성을 파악할 수가 없다.

이 문제에 관하여 대만의 명리학자 하건충은 『팔자심리추명학』에서 궁(宮)과 성(星)의 관계로 분석하는 궁성론(宮星論)을 활용하여 일간이라는 궁 즉 집에 천간 글자 경(庚)을 두고 일간에 있는 글자와의 관계를 통해 십성의 속성을 파악하였다.

물론 왜 경(庚)만 두느냐. 다른 글자가 와도 되지 않느냐는 반대 의견들이 있고, 일간 궁에 갑(甲)을 두고 해석하는 이론도 있다.

만약 일간 궁에 경(庚)이 아닌 다른 천간 글자가 올 수 있는 역철학적 근거가 확실하다면 인간의 심리와 운명을 파악하는 또 다른 혁신적인 방법이 될 것이다.

일간의 집 이름이 경(庚)이면 기준인 경(庚) 입장에서 일간에 무슨 글자가 오느냐에 따라 십성의 관계가 정해진다.

만약 일간에 갑(甲)이라는 글자가 자리하면 경(庚)은 양금(陽金)으로 양목(陽木)인 갑

(甲)을 누르면서 음양이 같은 관계에 있으므로 갑(甲)은 편재가 된다.

을(乙)이 자리하면 양금(陽金)인 경(庚)이 음목(陰木)인 을(乙)을 누르면서 음양이 다른 관계에 있으므로 정재가 된다.

병(丙)이 자리하면 양금(陽金)인 경(庚)을 양화(陽火)인 병(丙)이 누르면서 음양이 같은 관계에 있으므로 편관이 된다.

정(丁)이 자리하면 양금(陽金)인 경(庚)을 음화(陰火)인 정(丁)이 누르면서 음양이 다른 관계에 있으므로 정관이 된다.

무(戊)가 자리하면 양금(陽金)인 경(庚)을 양토(陽土)인 무(戊)가 도와주면서 음양이 같은 관계에 있으므로 편인이 된다.

기(己)가 자리하면 양금(陽金)인 경(庚)을 음토(陰土)인 기(己)가 도와주면서 음양이 다른 관계에 있으므로 정인이 된다.

경(庚)이 자리하면 기준이 되는 경(庚)과 같은 오행이고 같은 음양이므로 비견이 된다.

신(辛)이 자리하면 음금(陰金)인 신(辛)은 경(庚)과 같은 오행이지만 음양이 다른 관계에 있으므로 겁재가 된다.

임(壬)이 자리하면 양금(陽金)인 경(庚)이 양수(陽水)인 임(壬)을 도와주면서 음양이 같은 관계에 있으므로 식신이 된다.

계(癸)가 자리하면 양금(陽金)인 경(庚)이 음수(陰水)인 계(癸)를 도와주면서 음양이 다른 관계에 있으므로 상관이 된다.

일간이 나타내는 십성 유형을 표로 정리하면 다음과 같다.

일간과 십성 유형									
甲갑	乙을	丙병	丁정	戊무	己기	庚경	辛신	壬임	癸계
편재	정재	편관	정관	편인	정인	비견	겁재	식신	상관

〈표-13〉 일간의 십성 유형

T-분석법(Trait analysis)

개인의 기질과 성격을 파악하는 방법에는 여러 가지가 있지만 태어난 날에 해당하는 일간과 일지는 그 사람의 주요한 기질과 성격적 특성을 담고 있다.

또 일간과 인접한 월간, 시간도 큰 영향을 미친다.

일간을 중심으로 T자 형태로 개인의 특성을 파악하는 것을 T-분석법이라 한다.

이것은 주성격을 파악하는 방법의 하나로 사주에서 3개 이상인 오행 및 십성의 특성과 함께 분석한다.

시	일	월	년
식신	일간	상관	편재
戊	丙	己	庚
戌	寅	丑	寅
식신	편인	상관	편인

〈표-14〉 T-분석법

위 명조의 주인공은 일간에 병(丙)이 있어서 편관의 특성을 보이고, 일지인 편인, 월간인 상관, 시간인 식신의 성격적 특성을 강하게 지니고 있다. 또 토(土)가 4개이고 토(土)에 해당하는 유형인 식신과 상관이 4개이므로, 토(土) 과다와 식상(식신·상관) 과다의 성격적 특성을 함께 지니고 있다.

10가지 유형별 성격과 심리분석

자립형 (비견 성향)

비견 성향은 자립성이 강한 유형이다.

자립형은 다른 사람의 도움을 바라지 않고 스스로 일을 해결하려는 성향이 강하다.

성격이 강직하고 자존심이 강하며 명예를 중요시한다.

자신에게 임무가 맡겨시년 차근차근 계획하고 실행에 옮겨 반드시 성과를 이루어 낸다. 자신의 행동을 상황에 맞게 조절하고 통제하는 능력이 뛰어나고, 자기 능력에 대한 자신감이 있다.

또 희생과 봉사 정신이 강해 주변 사람들을 챙기는 마음이 강하고 의리가 있다. 하지만 자존심과 자주성이 강해서 다른 사람으로부터 간섭받는 것을 싫어한다.

삶의 여정에서 문제가 생기면 피하지 않고 직접 부딪히고, 비굴하게 행동하지 않는다. 자기 결정력과 의지력에 따라 행동하고, 어려움을 극복하는 힘이 강하다.

타인을 배려하는 마음이 있고, 더불어 살아간다는 사회적 공개념이 강해서 타인에게 각박하게 하지 못하고, 이해타산에 밝지 못한 면이 있다.

내 성격 구조에 이 유형이 있다면, 지나치게 자존심을 내세우는 일이 있는지 점검하고 그로 인한 쓸데없는 고집은 부리지 않으려는 노력이 필요하다. 살다 보면 도움을 받을 때도 있고 줄 때도 있다. 혼자 힘으로 어려움을 극복하는 것도 좋지만 도움이 필요하면 받아야 한다. 타인의 도움을 받는다고 해서 자존심에 상처가 나는 것은 아니기 때문이다.

이러한 성격유형의 사람과 대화를 하거나 인간관계를 맺을 때는, 그들의 의견과 생활 방식을 존중하고 인정해주는 마음과 그들이 이루어낸 성과에 대한 아낌없는 칭찬이 필요하다.

모험형(겁재 성향)

겁재 성향은 모험적인 유형이다.

모험형은 당면한 문제나 상황에 대한 두려움이 없고, 위협적인 상황, 난관, 고통을 극복하는 능력이 뛰어나다. 담력이 커서 남들이 엄두를 못 내는 일도 잘 해내지만, 모험적인 성향을 넘어서 사회적인 규범이나 질서를 무시하기도 한다.

생각보다 행동이 앞서는 타입이라 어떤 일을 하겠다는 생각이 들면 바로 실행에 옮긴다. 그래서 충동적이라는 말을 많이 듣는다.

좋고 싫음이 분명해서 자신과 반대 의견을 가진 사람을 배척하고, 화합하려는 마음이 부족하다. 자기 생각에 대한 확신이 강해서 다른 사람의 말을 들으려고 하지 않는다.

또 타인의 입장과 일의 정황을 살피지 않고 자기 고집대로 밀고 나가기 때문에 타인과 불필요한 갈등과 충돌을 불러일으키는 경우가 있다.

자존심이 아주 강하고 경쟁심리가 있어서 경쟁할 대상이 있을 때 에너지가 넘치고, 경쟁에서 이기기 위해 안간힘을 쓴다.

표현이 직설적이고 거칠지만 자기 사람을 챙기는 마음이 강하다.

내 성격 구조에 이 성향이 있다면, 어떤 일이든 행동으로 옮기기 전에 한 번 더 생각하고, 다른 사람 의견에 귀를 기울이려는 노력이 필요하다.

또 자신이 하는 말과 감정표현이 다소 직설적이고 과격해서 상대방이 상처를 받을 수 있다는 것을 염두에 두어야 한다.

이러한 성격유형의 사람과 대화를 하거나 인간관계를 맺게 된다면, 성격이 급하고 표현이 다소 거칠다는 것을 감안하고 대해야 한다. 이들이 추진하는 일에 무턱대고 동참하지 말고 사안의 전·후 상황을 고려한 다음에 참여하는 것이 좋다.

또 이들은 즉각적인 답을 원하기 때문에 일을 함께 계획하거나 추진할 때는 진행되는 상황을 바로 알리는 것이 좋다.

세심한 배려형(식신 성향)

식신 성향은 세심한 배려형이다.

세심한 배려형은 상대방의 상태나 입장을 충분히 고려하여 꼼꼼하고 주의 깊게 마음을 쓴다.

타인을 도와주고자 하는 이타성이 강하고 마음이 너그러워서 자신의 재능과 지식을 타인에게 잘 베풀고 세심하게 도움을 준다.

이들은 순수한 마음으로 타인을 도와주고 그것에 대해 보상을 바라지 않는 사람이기 때문에 타인으로부터 무엇을 받거나 도움을 받으면 반드시 갚아야 마음이 편안해진다.

이들의 말에는 따뜻함과 세심한 배려가 담겨있고, 타인에 대한 공감 능력이 우수해서 사람들과 쉽게 친밀감을 형성하고 좋은 인연으로 이어지게 된다. 이솝 우화에서 나그네가 옷을 스스로 벗도록 만든 태양과 같은 따뜻함을 지닌 사람에 비유할 수 있다.

이들의 온화한 민감성과 인격적인 감화력은 사회적으로 타인과 효율적으로 상호 작용하면서 사회적 상황에 잘 대처하도록 한다.

위험한 상황이나 불확실한 상황에 처해도 긍정적으로 생각하고 대처하며 스트레스에 대한 회복 탄력성도 높다.

예술이나 문화에 대한 표현능력과 감상능력이 우수하다.

배움에 대한 욕구와 전공 분야에 대한 연구심이 강해서 무언가를 배우고 지식을 증진하는 과정에서 삶의 희열을 느낀다. 노력하는 과정에서 오는 자기 성취감을 중요시하고, 만약 좌절감에 직면해도 학습을 지속하고 이루어내고자 하는 마음이 강하다.

탁월한 언어능력과 상대방에 대한 섬세한 배려심이 잘 어우러져서 사람들을 잘 가르치고 설득하는 능력이 있다.

또 삶을 여유롭고 유유자적하는 마음으로 살아가기 때문에 물질에 대한 집착이 약하고, 내가 가진 것에 만족하고 늘 감사한 마음을 가진다.

내 성격 구조에 이 성향이 있다면, 다른 사람들이 마음의 위안을 얻고 다시 힘을 얻어 살아낼 수 있도록 도움을 주는 능력이 있음을 알고, 그 능력을 좋은 일을 하는데 쓰는 것이 좋다.

다만 마음이 여려서 상처받기 쉬우므로 사람들과 적정한 거리를 두면서 마음을 내어주어야 한다. 인간관계는 한겨울의 난로와 같다는 말이 있듯이 너무 가까이하면 상처를 받고, 너무 멀리하면 관계가 단절되기 때문이다.

또 모든 사람이 다 내 마음 같지 않다는 것을 알고, 의도적으로 접근하거나 이용하려는 사람을 구분할 수 있는 안목을 키우는 것도 필요하다.

　이러한 성격유형의 사람과 인간관계를 맺으면 고운 인연을 잘 이어갈 수 있도록 노력하는 것이 필요하다. 그리고 내 말이나 행동이 다소 거칠어서 이들에게 상처를 주는 것은 아닌지 한 번씩 되돌아보는 것이 좋다.

사회적 민감형(상관 성향)

상관 성향은 사회적 민감형이다.

사회적 민감형은 감수성이 풍부하고, 결과에 대한 타인의 반응에 민감하게 반응한다.

호기심이 많고, 다양한 가치와 새로운 경험에 대해 열린 마음으로 받아들인다. 사고와 행동에 유연성이 있어 급변하는 상황과 정세에 적응하는 능력이 뛰어나고, 무엇이든 빨리 학습한다.

임기응변이 뛰어나서 돌발 상황에 대한 대처 능력이 뛰어나지만, 지구력이 약해 한 가지 일에 오래 집중하지 못하고 쉽게 싫증을 낸다. 늘 새롭고 신선한 것을 좋아하고 추구한다.

또 두뇌 회전이 빠르고 사고가 자유분방해서 혁신적이고 새로운 일을 할 때, 기존 틀에서 벗어나서 창의적이고 독창적인 아이디어를 기획하고 실행하며 그에 따른 색다른 결과를 창출하는 것을 좋아한다. 상상력이 풍부하고 미적 감수성도 우수하다.

타인에게 자신의 것을 베푼다는 점에서는 세심한 배려형과 다르지 않지만, 타인으로부터 인정받으려는 마음이 강하고 상대방의 상호작용이나 지지에 민감해서 도와준 것에 대한 감사의 표현을 들으려는 심리가 강하다.

만약 감사의 말을 듣지 못하면 서운해하고 괜히 도와줬다는 생각을 한다. 따라서 이들에게 도움을 받으면 반드시 감사의 마음을 말로 표현하는 것이 좋다. '말 한마디에 천 냥 빚 갚는다.'라는 속담이 있듯이 감사의 마음을 표현하면 이들은 더 많이 도와주려고 한다.

자존심이 아주 강하고 비순응적이며, 자기 생각이 무조건 맞고 자신이 최고라는 자부심이 강하기 때문에 법규와 규칙을 무시하고 윗사람에게 반발하기도 한다. 모든 일을 주관적으로 해석하기 때문에 자기가 만들어낸 원칙에 갇혀서 말이 통하지 않을 때도 있다.

화려한 언변과 다재다능함을 내세워 처음 만나는 사람들과도 쉽게 친분을 쌓지만, 기분 변화 폭이 크고 과장된 표현으로 인해 주변 사람들과 갈등을 많이 겪고 지속적인 관계 형성을 하지 못한다.

또 지적 탐구심이 강해 다양한 분야를 배우고 쉽게 익혀서 단시간에 그 분야의 전문가처럼 보이지만 깊이는 얕다.

내 성격 구조에 이 성향이 있다면, 베푼 것에 대해 인정받으려는 마음을 내려놓고 서운한 감정이 들어도 밖으로 표현하지 않는 것이 좋다. 사람은 각양각색이라서 고마움을 표현하는 것이 쉬운 사람이 있고 마음은 굴뚝 같은데 그러지 못하는 사람도 있다. 잘 해주고 생색낸다는 말을 듣시 않도록 서운한 감정을 다스리는 것이 필요하다.

내가 베푼 것은 하늘이 이미 알고 있다. 그럼 된 것 아닌가!

또 자신이 가진 언어적인 설득력과 재능을 타인에게 선한 영향력을 미치는 일에 사용하는 것이 좋다.

세상에는 나보다 능력이 출중한 사람이 많다는 것을 인정하고 교심(驕心)에 빠지지 않도록 경계해야 한다.

이러한 성격유형의 사람과 대화를 하거나 인간관계를 맺게 된다면, 이들이 예민하고 까칠한 면이 있다는 것을 감안하고 대화를 하는 것이 좋다.

또 감사한 일에는 반드시 고맙다는 말을 하고, 이들이 잘한 일이나 뛰어난 능력은 거듭 칭찬하고 인정해 주어야 한다. 사회적 인정 욕구가 강한 만큼 "당신 참 멋진 사람이에요."라는 말을 해주는 것이 좋다.

자기 주도형(편재 성향)

편재 성향은 자기 주도형이다.

자기 주도형은 삶이나 일에 대한 분명한 목적의식과 방향성을 지니고 있어서 의미 있는 가치와 목표를 추구하고 자기를 실현하려는 심리가 강하다.

자율성이 강해서 매사에 자신이 직접 관리하고자 하고, 장기적인 안목으로 일을 판단하고 진행하는 능력이 탁월하다.

사교적이고 온화하며, 타인의 마음을 잘 이해하고 그들의 감정에 적절하게 반응하기 때문에, 대인관계 능력이 뛰어나서 인간관계를 잘 형성한다.

때와 장소에 맞도록 겸손한 태도로 행동하고, 부지런하고 성실하며 인연을 맺은 사람들에게 친절하고 관대하게 대하기 때문에 좋은 사람으로 인정받기도 한다.

또 인생 여정에서 활기차고 적극적인 자세로 살아가고 생동감이 있어서 열정적으로 목표를 추구한다. 일을 진행하는 과정에서 융통성이 있고 결과를 창출하기 위해 과감하게 투자하기도 하는데, 순발력도 있고 사물의 속성이나 일의 특성을 파악하는 능력이 우수하다.

객관적이고 실용적인 사고를 하며, 숫자에 대한 감각이 뛰어나다. 사물을 지각하는 능력과 공간 인식 능력이 뛰어나서 한번 습득한 지식을 실생활에 적용하고 응용하는 능력이 우수하다. 방향감각도 뛰어나서 운전할 때 네비게이션 도움이 없어도 길을 잘 찾아가고 한번 갔던 길도 잘 찾아간다.

이들은 돈에 대한 관념이 확실하고 투자심리가 발달해서 재산 증식에 대한 지식과 정보에 관심이 많다. 그래서 당장은 이익이 없지만 미래에 투자가치가 있다고 생각되면 과감하게 투자하기도 한다.

내 성격 구조에 이 성향이 있다면, 나도 내 인생에 최선을 다하지만 다른 사람도 그러하다는 것을 인정하고 일단 다른 사람에게 맡겨진 일은 간섭하지 않으려는 노력이 필요하다.

이러한 성격유형의 사람과 대화를 하거나 인간관계를 맺게 된다면, 내가 할 수 있는 일은 명확하게 말하고, 일을 분배해서 각자 책임지고 완성해 나가려는 노력이 필요하다.

그들이 겉으로는 부드러워 보이지만 그 부드러움이 일에까지 미친다고 생각하면 안 된다.

실리추구형(정재 성향)

정재 성향은 실리추구형이다.

실리추구형은 자신이 직접 입수한 구체적인 자료와 실질적인 사용가치를 중요시하고 실제적인 이익을 추구한다.

물질에 대한 애착이 강하고, 이익과 손해에 대한 계산이 지극히 정확하며, 이해 타산적인 면이 있다. 미래에 발전 가능성이나 투자가치가 있는 것보다는 당장 눈앞에 보이는 이익을 추구하는 지극히 현실적인 사람이다.

자기가 감각기관을 통해 직접 확인한 것만 믿기 때문에 종교, 철학, 신비한 현상 등에 관한 지식을 인정하지 않고 신뢰하지 않는다.

부지런하고 성실하며, 자신이 맡은 일은 끈기있게 이루어낸다. 계산능력과 방향감각이 탁월하고, 다양한 사람과 교류하며 여러 활동에 참여함으로써 삶의 즐거움을 느낀다.

외부적으로는 환경적응력이 뛰어나서 모임의 목적과 분위기에 맞게 잘 행동하지만 마음속에는 욕망과 자신만의 소신이 강하다. 자의식이 강해서 개인주의적인 성향을 보이기도 한다.

또 대인관계에서 일정한 거리를 두면서 타인에 대한 배려와 자기 이익을 균형있게 잘 추구해 나가고, 신용을 중요하게 생각한다.

검소하고 절약 정신이 강하며, 재산 증식에 특별한 애착이 있어서 타인에게 베푸는 것에 다소 인색하다.

내 성격 구조에 이러한 성향이 있다면, 검소하고 절약하는 태도는 좋지만 물질에 대한 집착을 조금은 내려놓고 베풀려는 마음을 가지려고 노력해야 한다.

또 당장 눈앞의 이익만을 좇지 말고 멀리 내다보는 혜안을 길러야 한다.

이러한 성격유형의 사람과 대화를 하거나 인간관계를 맺게 된다면, 계산은 정확하게 하고 약속한 일은 반드시 제때에 지켜야 한다. 또 이들이 아무리 재무처리 능력이 뛰어나더라도 돈과 관련된 일은 본인이 직접 관리하고 확인해야 한다.

권위주의형(편관 성향)

편관 성향은 권위주의적인 유형이다.

권위주의형은 뚜렷한 목적의식과 투철한 책임감으로 단체나 소속 기관의 활동에 적극적으로 참여하고 이끌어 간다.

이들은 폭넓은 안목을 가지고 대중과 사회를 위해 기여하려는 마음이 강해 공공기관이나 봉사단체에서 적극적으로 활동한다.

추진력이 강하고 성취 지향적이며, 권력과 명예를 추구한다. 그래서 자신이 속한 조직에 자발적으로 나서서 방향을 제시하거나 리더 역할을 기꺼이 즐겨 맡는다.

욕망과 충동을 잘 조절하고 통제하며, 위협적인 상황에서도 두려움을 이겨내고 용기있게 행동한다. 이성적이고 논리적이며, 냉철한 판단력으로 사고하고 행동한다.

또 원리원칙에 입각해서 일을 처리하고, 어렵고 힘든 상황에서도 굴하지 않는 강한 정신력이 있다. 그래서 사회의 질서와 안녕을 위해 헌신하는 법조계나 군인, 경찰 등에 종사하는 사람들이 많다.

자기가 해결할 수 있는 것의 한계를 분명히 알고 그에 따라 일을 추진하고, 근면하게 움직이며 결과를 만들어내기 위해 끈기있게 기다린다.

이들은 아랫사람을 격려하고 현명한 조언을 통해 동참하도록 고무하는 힘이 강하면서 상사에게도 충직하다. 상부의 명령에 따라 행동하지만, 그 명령이 불합리하다고 생각하면 따르지 않고 반발한다.

내 성격 구조에 이 성향이 있다면, 조직과 구성원에 대한 강한 책임감으로 인해 다소 경직되고 권위적인 분위기에서 일을 처리하고 있는지 점검하는 것이 필요하다. 분위기가 경직되면 창의성과 사고의 전환이 필요한 일에서 성과를 내기 어렵다. 또 나만 책임감이 강한 것이 아니라 정도의 차이는 있지만 누구나 자신에게 주어진 일은 책임지고 완수하려는 마음이 있다.

이러한 성격유형의 사람과 대화를 하거나 인간관계를 맺게 된다면, 그들의 의사를 존중하고 일단 일이 시작되면 믿고 맡겨주고 능력을 인정해주는 것이 필요하다.

또 아랫사람이거나 부하직원이면 그들의 의견을 반드시 물어보고, 당면한 사안에 대해 충분히 대화하면서 해결방법을 찾는 것이 좋다.

공정한 유형(정관 성향)

정관 성향은 공정성을 우선으로 하는 유형이다.

공정한 유형은 사회관계에서 사적인 감정이나 편벽된 사고를 개입시키지 않고, 모든 사람을 공평한 원칙에 따라 동등하게 대한다.

이들은 자신의 생각, 감정, 충동, 행동을 잘 조절하고 통제하는 자기조절 능력이 우수하고, 매사에 신중하고 심사숙고해서 일을 처리한다. 원리원칙을 아주 중요하게 생각하고, 법과 규범에 따라 일을 처리한다.

이러한 면은 사회적 민감형과 상반되는데, 주차를 예로 들면 사회적 민감형은 주차선을 침범해도 '그 까짓기 뭐'라고 생각하는 반면에, 이들은 반드시 정해진 구역 안에 주차해야 마음이 놓인다.

지극히 정직하고 명예를 중요하게 생각하며, 눈앞의 이익보다는 결과의 투명성과 공정성을 중요시하는 교과서 같은 사람이다. 다소 융통성이 부족해 보이지만 청렴결백하다.

또 목적의식이 명확하고 책임감이 강하며, 높은 조직 몰입도와 일 중심 경향성으로 인해 강박관념이 강하다. 걱정을 당겨서 하는 성향이라 하나의 사안에 대해 만약 일이 예상대로 되지 않았을 때를 대비해 항상 몇 가지 대안을 마련하기 때문에 직무 스트레스 지수는 높지만, 직무 성과는 탁월하다.

늘 지나간 일을 돌아보고 후회하며, 앞날에 대한 걱정으로 긴장감 속에서 살고 있다.

내 성격 구조에 이 성향이 있다면, 매사에 마음을 느긋하게 가지려는 노력이 필요하다. 만약의 경우를 대비해 플랜A, 플랜B를 세워놓는 것은 좋지만, 지나친 걱정은 심신에 무리를 가져오고 오히려 직무 성과를 떨어뜨리는 결과를 초래하기 때문이다.

이러한 성격유형의 사람과 대화를 하거나 인간관계를 맺게 된다면, 약속한 일과 시간은 반드시 지키고, 상식을 넘는 무리한 부탁은 하지 않는 것이 좋다.

특히 사업적 거래를 할 때는 반드시 법과 규범 안에서 명확한 자료와 근거에 입각해서 협상하는 것이 필요하다.

편관과 정관의 차이

편관과 정관은 공적인 일을 중요시하고 원리원칙에 입각해서 일을 추진한다는 점
에서는 같지만 다른 성격적 특성을 보인다.

편관은 상부로부터 내려온 명령을 따르지만, 그것이 팀원이나 대중들의 안위나 이
익에 반하면 뒤집어엎는 배짱이 있다.

정관은 상부의 명령이 아무리 부당해도 '악법도 법이다.'라고 생각하며 따른다.

자기 몰입형(편인 성향)

편인 성향은 자기 몰입형이다.

자기 몰입형은 세상사와 타인의 일에 관심을 두지 않고 자기 일에 몰두한다. 이러한 특성은 다소 동정심이 부족한 것처럼 보이지만, 직접 도움을 청하면 그 사람이 처한 상황과 일의 정황을 종합적으로 생각하여 해결방안을 줄 수 있는 지혜와 안목을 지니고 있다.

스스로 자기 생각과 행동을 통제하고 절제할 수 있는 능력이 있고, 자기감정을 잘 드러내지 않아서 겉으로 무뚝뚝해 보인다. 타인의 지시에 상관없이 독자적으로 행동하는 것을 좋아하는 은근한 자기 고집이 있다.

타인과 일정한 거리를 유지하는 것에 익숙해서 다른 사람으로부터 간섭받는 것도 싫어하고 다른 사람을 간섭하는 것도 싫어한다. 이들을 한마디로 표현하면, '내 일에 간섭하지 마. 네 일도 간섭하지 않을게.'이다. 만약 자신이 하는 일에 간섭을 받으면 '고래?'라는 심리가 발동해서 하던 일을 뒤집어엎고 그만둔다.

다소 냉소적이기는 하지만, 성과에 집착하지 않고 개인적 목표나 야망으로부터 자유로워서 자신이 목표한 일에 최선을 다한 후에 결과는 하늘에 맡기는 편이다.

혼자 있는 것에 두려움이 없고 익숙해서 외롭다는 생각이 별로 들지 않는다.

한마디로 혼자서도 잘 노는 유형이다.

시끄러운 환경을 싫어하고 조용히 있는 것을 선호하지만, 외부활동에서는 그 분위기에 잘 맞추는 등 양면적인 성향을 지니고 있다.

흥미가 있거나 당면한 과제를 수행할 때 인내력을 가지고 부지런히 일을 완성해 나간다. 자기감정과 사고를 표현하는 능력이 부족하고 특히 말주변이 없어서 말하는 것을 좋아하지 않는다.

내 성격 구조에 이 성향이 있다면, 자신의 감정과 생각을 가까운 사람에게는 표현하려고 노력하는 것이 좋다. 또 타인의 간섭에 귀를 닫기보다는 자신에게 도움이 되는지 안 되는지 생각하고, 도움이 되는 것은 수용하려는 마음가짐이 필요하다.

이러한 성격유형의 사람과 대화를 하거나 인간관계를 맺게 된다면, 지시하거나 간섭하는 것을 삼가고, 그들의 생각과 행동을 존중하는 것이 좋다.

또 아무리 가까운 사이라도 도움을 청할 일이 있으면 직접 말해야 한다. '친하니까 알아서 해주겠지.'라는 생각은 상대방의 무반응에 상처받을 수 있기 때문이다.

이들의 무반응은 마음이 없어서가 아니라 그저 복잡한 세상사에 엮이고 싶지 않아서다. 이들은 기본적으로 마음이 평온한 상태를 유지하고 있고, 또 그러하기를 무의식적으로 원하기 때문에 그 평화를 깨는 것을 하지 않으려 할 뿐이다.

자기 성찰형(정인 성향)

정인 성향은 자기 성찰형이다.

자기 성찰형은 삶의 궁극적인 의미를 찾는 것에 관심이 있고 자기 내면의 안정감을 추구한다.

이들은 자기 감정과 충동을 잘 억제하는 힘을 지니고 있어서 자기 행동과 마음의 균형상태를 잘 이루고 있다. 또 상대방의 마음을 편안하게 해주기 때문에 사람들과 조화를 이루면서 좋은 관계를 유지한다.

인생은 한 치 앞을 알 수 없는 전쟁터라고 하지만 그런 불확실한 상황에서도 잘 견

려낸다.

자기 몰입형과 마찬가지로 모든 일에 최선을 다하되 그 결과는 하늘에 맡긴다는 생각이 지배적인데, 자기 몰입형보다 더 안정적이고 동요가 거의 없는 심리상태를 유지한다.

마음을 조절하는 능력이 우수하고, 물질과 명예에 집착하지 않고 정신적 충만감을 추구한다. 타인에게 관대해서 이들과 대화를 나누면 마음이 편안해진다.

학문에 대한 열정과 탐구심이 남달라 그 분야에 깊게 파고들어 성과를 내기도 한다.

이들은 남의 것을 탐내지 않고 자신이 가진 것에 만족하며, 자신의 형편에 맞는 목표를 세우고 완성하기 위해 끈기있게 노력한다. 그리고 자신을 둘러싼 환경과 사람들의 도움에 늘 감사한 마음을 지니고 그 감사함을 잘 표현한다. 그 감사함은 우주와 자연, 혹은 신에게까지 이르러서 종교적인 성향을 띠기도 한다.

그래서 자기 성찰형은 모두 종교를 믿는다고 생각하는데, 종교에 귀의하는 사람도 있지만 그렇지 않은 사람도 많다. 종교를 믿는다기보다는 삶의 궁극적인 물음에 대한 답을 찾으려고 노력하기 때문에 종교인처럼 마음 수양이 되어가는 상태이다.

타인에게 겸손하고 예의 바르게 행동하며, 자신을 진실되게 내보이기 때문에 신뢰가 깊은 인간관계를 형성한다. 다만 인간관계 폭이나 생활 반경이 넓지 않다.

사회적 민감형은 새로운 경험이나 지식을 통해 다양한 것을 시도하고 밖으로 활동하지만, 자기 성찰형은 정해진 범위에서 최선을 다하며 살기 때문에 새로운 문물이나 환경 변화를 추구하지 않고 기존의 방식을 고수하려는 성향이 강하다. 그래서 보수적이고 선비적이라는 말을 많이 듣는다.

내 성격 구조에 이 성향이 있다면, 새로운 경험에 대한 거부감이나 무의식 깊은 곳의 두려움을 내려놓고 한번 시도해보는 것이 좋다.

또 자신이 가진 선한 영향력을 더 많은 사람과 공유하기 위해 인간관계를 조금 넓히려는 노력도 필요하다.

이러한 성격유형의 사람과 대화를 하거나 인간관계를 맺게 된다면, 여러 사람과 함께 어울리는 약속보다는 단독으로 만나서 이야기를 나누는 것이 좋다.

또 시끄러운 환경을 좋아하지 않으므로 번잡한 곳보다는 조용하고 아늑한 분위기의 장소를 선택하고, 철학, 역사, 문화 등 전통과 옛것에 대한 주제로 대화를 이끌어가는 것이 좋다.

10가지 유형별 부정적인 성격과 심리분석

개인의 기질과 성격적 특성을 나타내는 10가지 유형은 사주 내 분포에 따라 긍정적 혹은 부정적인 특성으로 나타난다.

부정적인 특성이 나타날 때는 첫째, 사주팔자 내에서 특성을 나타내는 유형의 개수가 4개 이상이거나, 둘째, 사주에서는 과다한 유형이 없는데 천간끼리 합을 하거나 지지끼리 합을 해서 그 유형이 많아지거나, 셋째, T-존에 해당 유형이 3개 이상 있을 때이다.

10가지 유형의 부정적인 성격을 가진 사람은 자기 생각에 대한 확신과 고집이 너무나 강해서 주변 사람들이 힘들다는 것을 알지 못한다. 자기가 무조건 옳다고 생각하기 때문이다.

그래서 내가 그런 사람이라는 것을 아는 것도 필요하고, 그러한 사람을 만나면 말이 통하지 않는다는 것을 미리 알고 대하면 스트레스를 덜 받는다는 것을 아는 것도 필요하다.

상대방과 말이 통하면 대화로 해결하면 되지만, 말이 통하지 않는 사람과 대화로 해결한다는 것은 어지간한 인내와 노력이 없는 이상 힘든 일이다. 특히 나와 전혀 다른 성격적 특성을 지닌 상대방의 단점을 고치려고 하는 것은 좋은 생각이 아니다. 내가 볼 때는 저 사람이 이상하지만, 저 사람 눈에는 내가 이상한 사람으로 보이기 때문이다.

사람은 고쳐 쓰는 것이 아니라는 말이 있다.

특히 결혼하기 전에 상대방의 단점이 눈에 보이고 그 부분을 용납할 수 없을 때는 결혼에 신중을 기해야 한다. 내가 그 부분을 기꺼이 받아들일 준비가 되어있다면 결혼해도 되지만, '내가 결혼하면 저 사람의 단점을 고쳐야지.'라는 생각이 있다면 그 결혼은 다시 생각해 보아야 한다. 아무리 마음의 준비가 되어있어도 오랜 세월을 함께 부대끼다 보면 인고의 노력이 필요하다.

타고날 때 우주로부터 받은 기(氣)작용에 의해 형성된 기질과 성격이 그렇게 쉽게 바뀔 리가 없기 때문이다. 오죽했으면 '마음이 바뀌면 죽을 때가 다 되었다.'라는 말이 있겠는가!

우리가 이 학문을 공부하는 이유는 자기성찰을 하고 나아가 타인을 이해함으로써 내 마음의 평화와 인간관계 개선을 위해서이다. 모든 행동은 마음으로부터 일어나고 그 마음의 근본은 개인이 가진 기질과 성격에 있기 때문에 마음을 들여다보는 일은 중요하다.

상대방은 변하지 않는다.

물론 나도 변하기 어렵다.

그렇다고 자기 것만 서로 고수하면 영원히 평행선으로 달릴 수밖에 없다. 그 접점을 만들기 위해서는 서로에 대한 이해가 필요하고 무엇보다 자신에 대한 객관적인 성찰이 필요하다.

따라서 상대방이 벽창호라 해서 너무 힘들어하거나 억울하게 생각할 필요가 없다. 모든 것은 상대적인 것이라서 내가 상대방에 대해서 힘들면 상대방도 분명 내가 버거운 사람이라 생각하고 있다.

독단주의형(강한 비견 성향)

비견 성향이 지나치게 강하면 독단적인 특성을 나타낸다.

독단주의형은 일을 추진할 때 주변의 의견을 받아들이지 않고 자기 생각대로 밀어붙인다.

분명한 목적의식을 가지고 일을 추진하고 강한 실천력으로 사회에서는 능력을 인정받지만, 가까운 사람에게는 자존심과 고집을 지나치게 부리기 때문에 갈등을 유발한다. 의논보다는 독단적으로 결정을 내린 연후에 통보하는 식이라 함께 일하는 사람이나 가족 등 가까운 사람들이 힘들어한다.

비견이 많다는 것은 사교적인 교류가 많다는 의미도 있지만 경쟁자가 많다는 의미도 된다. 동종 업계의 사람들과 경쟁할 수밖에 없는 환경에 처하게 되므로 주변 사람들과 동업하는 것은 피하는 것이 좋다.

또 주변에 사람들이 많다 보니 내게 도움을 요청하는 경우가 많은데, 지나치게 강한 책임감과 연대감으로 인해 시간적·재정적 손실을 보기도 한다.

비견이 많으면 비견이 누르는 재성의 힘이 약해진다는 것으로 내 재물을 가져가려는 사람이 많아진다는 뜻이다. 재물은 한정되어 있고 가져가려는 사람이 많으면 재산상의 손실을 입게 된다.

따라서 독단주의형 사람은 아무리 가까운 친인척이라 하더라도 돈거래는 절대 하지 않는 것이 좋다. 돈이 있다고 자랑해서도 안 된다.

또 돈이 들어오면 일정 부분을 내어 보내는 통로를 마련해 두어야 한다. 어렵고 힘든 사람을 직접 정기적으로 돕는 것이 좋다.

이들은 대인관계에서 양면성을 지니는데, 가정 내에서는 엄격하고 자존심을 내세

위서 가족들과 갈등 상황을 유발하지만, 외부에서는 자신에게 도움을 요청한 사람을 거절하는 것에 대해 죄책감을 느끼고, 그러한 심리적 갈등상황에서 벗어나기 위해 끊임없이 자기희생을 정당화하는 '착한 사람 증후군'에 빠지기도 한다.

특히 옛날 가부장적 사회에서는 가족에게는 지나치게 엄격하고 자기 본위적이지만, 사회에서는 '세상 그 어디에도 없는 착한 사람'으로 소문이 나기도 했다.

이런 유형의 사람을 가족으로 둔 사람은 이들의 자존심을 상하게 하는 말이나 행동은 하지 않는 것이 좋다. 특히 사회모임에서는 더 조심해야 한다. 이들을 아는 사람을 만나거나 사회적 모임에서 "아이고, 누구는 좋겠어요. 저렇게 좋은 사람을 남편 (아내)으로 뒀으니 말예요."라는 말을 가장 많이 듣게 된다. 이때 절대 하지 말아야 할 대답이 "한번 살아보세요. 좋은가."이다.

독단주의형 사람은 자존심이 아주 강하기 때문에 타인에게 좋은 사람으로 인식되는 것이 중요한데 그러한 사회적 평판에 찬물을 끼얹는 격이 되면 그 상황을 못 견딘다.

그래서 모임에서 저런 말을 들으면 비록 속으로는 고추장을 담고 그 고추장이 내 마음 창고에 차고 넘쳐도 "맞아요. 참 좋은 사람이에요. 제가 전생에 나라를 몇 번 구했나 봐요."라고 말하는 것이 좋다. 이때 말도 중요하지만, 표정관리도 중요하다. "다음 생에도 저 사람과 살려구요."라고 말하면 모든 상황은 종료된다.

또 자녀들 앞에서 배우자에 대한 험담이나 부정적인 평가는 삼가야 한다.

"세상에 네 아빠(엄마)같은 사람은 없다."라고 말하는 것이 좋다. 시간이 지나서 아이들이 성장하면 부모를 객관적으로 보는 눈이 생기기 때문에 너무 억울해할 필요는 없다.

만약 이러한 성향의 자녀를 두었다면 "너처럼 멋진 사람은 없어."라고 말하는 것이 좋다. 배우자든 자녀든 속으로만 '그래. 당신(너) 같은 사람 없지. 없고말고.'라고 생각하면 된다. 속을 뒤집어 보이지 않는 이상 내 속이 어떤지 어떻게 알겠는가!

내 성격 구조에 이러한 성향이 있다면, 자신의 고집이 지나치게 세다는 것을 인정하고 타인의 의견을 경청하고 수용하려는 자세가 필요하다.

또 타인을 도와주는 면에서는 아무리 직계 가족을 도와준다고 해도 가정을 꾸린 상태라면 반드시 배우자와 상의하고 절충안을 찾아야 한다. 내 핏줄이니까 당연히 해야 한다는 생각과 행동은 배우자와 자녀들에게 정신적·물질적 피해를 가져오고, 때로는 돌이킬 수 없는 갈등 관계로 발전하는 원인이 되기 때문이다.

타인의 도움을 거절하면 나쁜 사람이라는 인식이 강한데 그렇지 않다. 도움을 주는 것도 내가 할 수 있는 범위에서 하는 것이 참다운 도움이지 자기 명예와 만족감을 위해서 무리하게 도움을 주는 것은 오히려 인간관계에 악영향을 미치게 된다.

이러한 성격유형의 사람과 대화를 하거나 인간관계를 맺게 된다면, 이들의 의견에 강하게 반박하거나 반대하는 것은 피해야 한다. 그렇다고 무조건 찬성하라는 것은 아니다. '그 의견에 대해 나는 이러한 생각을 한다.'라고 의사를 충분히 표명하고 해결 방법을 찾는 것이 좋다.

또 이들의 행동이나 결과물에 대해 아낌없는 칭찬을 해주는 것이 좋다.

반사회형(깅한 접새 성향)

겁재 성향이 지나치게 강하면 반사회적인 특성을 나타낸다.

반사회형은 법이나 사회적 규범을 지키지 않고 타인의 권리를 무시하거나 침해하는 행동을 보인다. 내면에 폭력성이 숨겨져 있어서 자신의 욕망과 이익에 반하는 상황이 되면 폭력적인 행동을 내보이기도 한다.

자신이 한 말이나 행동에 대해 무책임하고, 자기 목표와 이익을 위해 수단과 방법을 가리지 않는 면이 있다. 어떠한 난관에도 굴하지 않고 도전하는 정신이 강하지만, 타인의 입장은 고려하지 않고 자기 고집대로 밀어붙이기 때문에 타인과의 충돌은 피하기 어렵다.

이들은 목적과 목표달성을 위해 아주 성급하고 무모하게 일을 추진하는데, 자기 의견을 따르지 않거나 자기가 하는 일에 방해가 된다고 생각하는 사람에게는 공격적이고 적대감과 분노를 그대로 표출하기도 한다. 또 말이 거칠고 시비적이라서 주변 사람들에게 상처를 입히는 경우가 많다.

사람은 누구나 존중받고 싶은 마음이 있다.

그러한 마음에 상처를 입으면 상처를 준 사람을 멀리하게 되는 것이 인지상정이다. 사무적으로 엮이거나 가족이면 마지못해 상대하지만, 일시적인 관계라면 그런 사람을 두 번 다시 보려고 하지 않는다.

이들은 자신이 그런 사람이라는 것을 모른다.

자기 입에서 나오는 말이 칼날과 같다는 것을 인지하지 못하고 타인을 공격하고, 욱하는 성격이 지나치게 강해서 때로는 타인의 안전을 위협한다. 문제는 타인에게 상처나 피해를 줘도 양심의 가책을 느끼지 않는다는 것이다.

또 철저히 자기중심적이고 자기 위세를 과시하기 위해 거짓말을 반복하고 속이는 경우도 있다. 지나친 경쟁심으로 인해 악착같이 타인을 밟고 우위에 서야 직성이 풀리고, 타인의 업적이나 성과를 인정하지 않고 폄하하려 한다.

말은 입에서 나와 몸을 보호할 수도 망칠 수도 있다.

민담에 따르면, 하느님이 착한 일을 많이 한 사람에게는 말을 할 때마다 입에서 꽃과 보석이 나오게 하고, 나쁜 짓을 많이 한 사람은 그 벌로 입에서 뱀이 나오게 했다고 한다. 물론 전설이지만 말은 사람을 살리기도 죽이기도 한다는 것을 보여주는 것이다.

내 성격구조에 이러한 성향이 있다면, 나로 인해 타인이 상처를 받을 수도 있다는 것을 반드시 기억해야 한다. 자기가 하는 말과 행동은 양날의 검과 같아서 그 특성을 불의에 맞서고 사회의 공공질서와 안녕을 위해 사용한다면 영웅의 행적을 남기지만, 호전성을 드러내고 자기 마음 가는 대로 한다면 타인에게 상처나 피해를 준다는 것을 알아야 한다.

특히 반사회성이 강하면서 독불장군형인 사람은 강한 충동성과 폭력성이 내재해 있으므로 자신의 충동성과 폭력성을 자제하기 힘들 때는 반드시 치료와 상담을 받는 것이 필요하다. 또 운동이나 몸을 쓰는 활동을 통해 분출하는 에너지를 내어 보내는 것이 좋다.

이러한 성격유형의 사람과 대화를 하거나 인간관계를 맺게 된다면, 웬만하면 인연의 고리를 이어가지 않는 것이 내 정신건강에 좋다. 만약 피할 수 없는 사회관계나 친인척 관계로 엮여있다면 이들의 의견에 맞서려 하지 말고 자존심을 상하게 하는 말도 삼가는 것이 좋다. 이들은 채무이행에도 불성실하기 때문에 돈거래나 투자를 함께 하는 것은 피하는 것이 좋다.

만약 배우자가 이러한 유형이라면 잠재된 폭력성이 표출되지 않도록 격한 감정싸움이나 극단적으로 치닫는 언어적 공격은 하지 않아야 한다.

사주에 금(金) 겁재가 5개 이상이거나, 금(金) 비견과 겁재가 혼합되어서 5개 이상인 경우에 이 유형이 될 확률이 높기 때문에 늘 자신의 행동을 뒤돌아 보아야 한다.

이러한 유형의 아이들은 어릴 때부터 인(仁)·의(義)·예(禮)·지(智) 사덕(四德)을 함양하고, 인간은 선한 영향력을 펼치며 더불어 살아가야 한다는 의식에 대한 인성 교육이 필요하다.

지나친 온정형(강한 식신 성향)

식신 성향이 지나치게 강하면 지나친 온정형이 된다.

지나친 온정형은 마음이 여리고 타인에 대한 동정심을 조절하는 능력이 약해 지나친 배려와 호의를 베풀다 손해를 보는 경우가 많다. 자기가 손해를 보더라도 주는 것이 마음이 더 편하다 보니 손해를 본다는 것을 알면서도 도와주는 특성이 있다.

또 지나치게 타인에게 우호적이고 상냥하게 대하기 때문에 감정 노동에 시달리는 경우가 많다. 일상생활이나 업무에 열정적이고 적극적으로 몰입하는데, 내적 동기가 강해서 외부 보상이 약하더라도 끈기 있게 일한다.

자신이 관심이 있거나 목표한 것을 이루어나가는데 많은 에너지를 소비하게 된다.

내 성격 구조에 이러한 성향이 있다면, 타인을 무조건 도와주는 것은 오히려 그 사람에게 좋지 못한 영향을 미칠 수 있다는 것을 알아야 한다.

나는 불쌍해서 내 것을 희생하면서까지 도와주지만, 막상 상대방은 고마움을 모를 수도 있고, 때로는 이러한 동정심을 이용해 의도적으로 접근하는 사람도 있기 때문에 적정한 감정표현과 이타성을 실천하는 것이 좋다.

아무리 좋은 것도 중도(中道)를 유지하려는 노력이 필요하다.

이러한 성격유형의 사람과 대화를 하거나 인간관계를 맺게 된다면, 이들의 마음을 감사히 받아들이고 감사의 표현을 반드시 하는 것이 좋다.

그리고 이들은 목표한 일이나 자기 분야에 집중적으로 몰두하는 특성이 있다는 것을 염두에 두고 일을 진행하는 것이 좋다.

교만형(강한 싱관 성향)

상관 성향이 지나치게 강하면 교만이 극에 달한다.

교만형은 지나친 우월감으로 잘난체하고 겸손과는 거리가 멀다.

자기 생각과 행동은 늘 옳다고 생각하기 때문에 자신과 다른 생각을 가진 사람의 성과나 결과물을 무시하고 폄하하는 성향이 강하다.

자신은 타인을 무시하지만 만약 상대방이 자신을 무시하거나 자신의 의견에 반대하면 분함을 참지 못하고 어떻게 해서라도 갚아주려고 한다.

자신이 원하는 것은 반드시 소유해야 직성이 풀리고, 자기애가 지극히 강해 자기 자랑이 심하고 타인으로부터 특별 대우를 받기 원한다.

이들은 문제가 발생했을 때 자신이 정면에 나서지 않고, 다른 사람을 앞세워 뒤에서 일의 정황을 조정한다.

자기의 공적을 과대 포장해서 말하고, 감언이설로 사람들을 끌어들이는 등 자신의 목적 달성을 위해 수단 방법을 가리지 않는다. 자기 이익을 위해서는 약속한 일을 손바닥 뒤집듯이 엎어버리고, 상대방의 기분이나 입장이 어떻게 되든 상관하지 않고 아무 일 없는 듯이 행동한다.

또 타인을 도와준 것에 대해 생색을 내는데, 순수하게 타인을 도와주는 것이 아니라 굉장히 계산적인 면을 감추고 있다.

이들과 있으면 천국과 지옥을 오르내리는 롤러코스터를 타는 기분이다. 금방 일이 성사될 것처럼 이야기하다가 조금 지나면 언제 그랬냐는 듯이 모른 척한다.

시기와 질투심이 아주 강해서 타인이 자기보다 우수하다는 것을 받아들이지 못한다. 전혀 화를 낼 상황이 아닌데도 화를 불같이 내고, 오랫동안 풀지 않고 꽁하게 있기도 한다.

또 감정 기복이 커서 수시로 반응이 달라지기 때문에 긍정적이고 건설적인 표현을 하다가 금방 부정적이고 비판적인 말을 하는 등 이중적인 표현과 성격을 보인다.

지구력이 약해서 한 가지 일이나 사안에 오래 집중하지 못하고 싫증을 쉽게 내며, 늘 새로운 경험과 자극을 추구하고 새로운 인간관계를 형성하려고 한다. 즉 쉽게 빠져들고 쉽게 식어버린다.

상관 성향이 극도로 강한 사람은 가스라이팅을 통해 다른 사람을 이용하고 때로는 리플리 증후군과 비슷한 증상을 보이기도 한다.

내 성격 구조에 이러한 성향이 있다면, 자신이 변덕스럽고 자기애가 지극히 강한 사람이라는 것을 인식해야 한다.

또 내 생각과 내 말이 절대적으로 옳다는 생각을 내려놓는 것이 좋다.

말은 한 번 더 생각한 연후에 하고, 상대방을 깔보는 언행은 삼가는 것이 필요하다. 내가 내 자랑을 하지 않아도 너그러운 인품과 겸손함이 갖추어지면 사람들은 자연스레 존경하고 따른다는 것을 알아야 한다.

이러한 성격유형의 사람과 대화를 하거나 인간관계를 맺게 된다면, 말로써 이들을 이길 생각은 아예 하지 않는 것이 좋다.

이들은 자신이 잘못한 상황이지만 말꼬리를 물어서 결국은 상대방이 잘못한 것으로 몰아가는 묘한 능력이 있다. 그래서 이들과 잘잘못을 따지는 일은 하지 않는 것이 내 정신건강을 위해서 좋다. 억울하더라도 자기 마음대로 생각하고 말하도록 내버려두는 것이 최선이다.

또 이들의 장점은 거듭거듭 칭찬해주고 단점은 말하지 않는 것이 좋다. 단점을 말하거나 그 사람의 생각이나 행동의 잘못된 점을 지적하면 자존심이 상한 몇 배로 갚아주려고 덤벼든다. 아무리 이들을 위해 도움이 되는 말을 해주어도 자신이 믿고 싶은 것만 믿고, 듣고 싶은 말만 듣기 때문에 도리어 말한 사람만 이상한 사람이 되고 사이가 어색해진다.

이들의 새로운 발상은 십 년 앞을 내다볼 만큼 획기적이지만 현실에서 실현 가능성이 희박한 경우가 많다. 왜냐하면 시대를 너무 앞서가기 때문이다.

이들이 생각한 아이디어는 보통 5~10년이 지나고 흥행을 이루는 경우가 많다.

그래서 이들과는 가급적 사업이나 투자를 하지 않는 것이 좋고, 만약 동업을 한다면 당장 시행하는 것보다 세월의 여유를 두고 적절한 시기를 선택하는 것이 좋다.

열성적 참여형(강한 편재 성향)

편재 성향이 지나치게 강하면 매사에 열성적으로 참여하는 특성을 보인다.

열성적 참여 유형은 세상사에 적극적으로 임하고 자기 일에 깊이 몰두하며, 의미 있는 결과를 얻기 위해 부단히 노력한다.

이들은 '내 손이 내 딸이다.'라는 마음이 있어서 매사를 직접 확인해야 직성이 풀리고 자기중심적으로 일을 처리해 나간다. 일을 수행할 때도 지나치게 세부적으로 분류하고 완전무결함을 추구하기도 해서 주변 사람을 피곤하게 만들기도 한다.

돈에 대한 관념과 투자심리가 강해서 늘 투자 거리를 찾고, 과감한 투자를 주저하지 않는다. 적은 액수의 금액은 푼돈으로 생각하고 큰 액수의 금액을 획득하려는 심리가 강해서 가상화폐, 주식, 도박 등에 손을 대는 경우가 많다. 한탕주의 마음이 늘 잠재해 있다.

사교성이 좋아서 사람들과 교류가 활발하고, 모임에서는 부드럽고 유연한 태도로 인간관계를 형성하기 때문에 사람들로부터 인기를 한몸에 받기도 한다.

내 성격 구조에 이러한 성향이 있다면, 과도한 투자심리를 자제하고 일확천금에 대한 마음을 내려놓는 것이 좋다. 또 자기가 감당할 수 있는 범위 내에서 사람들과 만남을 유지하도록 해야 한다.

이러한 성격유형의 사람과 대화를 하거나 인간관계를 맺게 된다면, 일을 진행하기 전에 이들의 의사를 먼저 물어보고 계획을 짜는 것이 좋다. 이때 분명한 자기 영역을 확인해두는 것이 차후 간섭에 의한 스트레스 유발요인을 감소시킬 수 있다. 또 이들과 돈거래나 공동투자를 하는 것은 가급적 하지 않아야 한다.

물질주의형(강한 정재 성향)

정재가 지나치게 강하면 물질에 집착하는 특성을 보인다.

자기가 계획한 목표나 과제 달성을 위해 부지런하고 성실하게 움직이는데, 도중에 예상치 못한 상황이나 난관을 만나도 인내심을 가지고 끝까지 그 일을 완성해내는 능력이 있다.

부의 축적에 대한 집착이 강하기 때문에 돈 되는 일이나 투자는 잘 파악하고 시작하지만, 타인을 위해 베푸는 마음은 부족해서 주변으로부터 인색하다는 말을 듣는다.

이들은 십 원짜리 하나도 허투루 쓰지 않고, 다른 사람이 돈을 낼 때는 악착같이 참석하지만 정작 자기 차례가 되면 일이 있다고 핑계를 대거나 연락을 받지 않는다.

식사를 마치고 밥값을 계산할 때 구두끈을 맨다던가, 화장실을 가기도 하고, 일부러 지갑을 두고 나오기도 한다. 상대방이 음료값을 낼 때는 그 모임에 참여하지 않아도 따라가서 테이크 아웃을 해서라도 가져가지만, 자신의 주머니에서 타인을 위한 돈이 나오는 일은 거의 없다. 어쩌다 공짜로 얻은 것이 있으면 자신이 사 온 것처럼 줄 때가 간혹 있기는 하다. 자신에 대한 투자에도 돈을 아끼기 때문에 아주 검소하고 돈과 관련된 일은 꼼꼼하게 처리한다.

모든 일은 실용성과 즉각적인 이익을 우선으로 생각하기 때문에 굉장히 이성적이고 합리적인 것처럼 보이기는 하지만, 자칫 미래에 이익이 되는 일이나 돈으로 환산할 수 없는 중요한 것들을 놓치는 경우가 많다.

자신의 오감으로 확인한 것만 믿는 성향이 강하기 때문에 정신과 마음에 관한 학문에는 관심이 없다. 하지만 일간이 무(戊) 혹은 기(己)이거나, T-존에 편인이나 정인이 있거나, 일간이나 일지가 편인이나 정인과 합을 하면, 동양학, 철학, 운명론, 손금, 관상, 지문 등에 관심을 보인다. 이들이 명리나 동양학을 배우는 이유는 그 지식을 활용해서 돈을 벌 수 있다는 심리가 내재해 있기 때문이다.

이들은 항상 목마르고 배가 고픈 상태라서 육체적 욕구의 충족과 즐거움을 추구하고, 자칫 향락적인 생활에 빠지기도 한다.

내 성격 구조에 이러한 성향이 있다면, 타인을 위해 기꺼이 지갑을 열 줄 아는 마음가짐이 필요하다. 자기 돈이 아깝지 않은 사람은 없다. 그 마음을 누르고 기꺼이 타인을 위해 베풀었을 때 그 덕이 돌고 돌아 내 자식, 내 자손에게 이어지는 것이다.

또 욕구 충족이나 육체적 활동도 좋지만 정신적 충만감을 위한 노력도 해야 한다.

이러한 성격유형의 사람과 대화를 하거나 인간관계를 맺게 된다면, 돈과 연관되는 일은 함께하지 않는 것이 좋다. 만약 돈거래를 하게 되면 계산은 정확하게 하고 문서로 증거를 남기는 것이 좋다.

그리고 내가 베푼 것에 대해 이들이 고마워하거나 보답할 것이라고는 기대하지 않는 것이 좋다.

독불장군형(강한 편관 성향)

편관이 지나치게 강하면 독재적인 특성을 보인다.

독불장군형은 직무를 수행할 때 다른 사람의 의사나 상황을 고려하지 않고 자기 생각대로 밀고 나가기 때문에 주변 사람들과 갈등을 일으키는 경우가 많다.

편관은 장군 같은 기질이라서 다수를 이끄는 강한 카리스마를 지니고 어렵고 도전적인 일에 두려움 없이 뛰어드는 기백이 있지만, 지나치게 강하면 자기주장을 굽힐 줄 모르고 독불장군처럼 행동하며 과격한 면을 보이기도 한다.

항상 밖으로 권력을 추구하고 모든 사람의 우두머리가 되어야 한다는 생각에 가정 생활은 무관심하고 돌보지 않는 경우가 많다. 이들은 타인에게 영향력을 행사할 때 희열을 느낀다.

"나를 따르라."는 말이 이들의 모토라고 할 수 있다.

또 마음에는 공격성이 잠재해 있어서 자기 의견이 받아들여지지 않거나 상대방이 자기 뜻대로 반응하지 않으면 과격한 언행을 일삼기도 한다.

이들은 강한 카리스마로 상대방을 쉽게 제압하고 호탕하지만, 마음속에는 강한 열등감이 잠재해 있다.

내 성격 구조에 이러한 성향이 있다면, 모든 사람이 내 의견에 따라야 한다는 생각을 접어두고, 타인의 말에 귀를 기울이려는 마음가짐이 필요하다. 내가 힘 있는 자리나 권력을 행사할 수 있는 자리에 있을 때는 사람들이 나를 따르지만, 그 자리에서 내려오면 누구도 찾지 않는다는 것을 알아야 한다.

또 외부 활동에 전념하느라 가정 생활에 충실하지 못하더라도 어찌할 수 없는 그 상황과 미안한 마음을 가족들에게 전하고 틈틈이 함께 하려고 노력한다면 돌이킬 수 없는 갈등으로 치닫는 것은 막을 수 있을 것이다.

이러한 성격유형의 사람과 대화를 하거나 인간관계를 맺게 된다면, 이들의 의견에 동참하고 따르되 그러하지 못할 때는 명확한 이유를 부드러운 어조로 말하는 것이 좋다. 이들의 목소리가 커진다고 해서 함께 언성을 높이면 갈등상황이 극에 달해 폭력적인 상황으로 치달을 수 있기 때문이다.

특히 배우자가 이런 유형이면 자존심이 굉장히 강하기 때문에 되도록 자존심을 건드리는 말은 하지 않아야 한다. 그리고 배우자가 가족들을 따뜻하고 세심하게 챙겨줄 것이라고는 기대하지 않는 것이 좋다. 기대하고 있을 때 그 기대에 미치지 못하면 서운한 감정이 더 커지지만, 아무 기대 없이 있을 때 함께 하면 고마운 마음이 생기기 때문이다.

가정생활은 함께 하는 것이 원칙이지만 타고난 성격에 따라 그렇지 못한 사람도 있기 때문에 원만한 가정생활을 위해서는 서로 이해하고 협조하려는 노력이 필요하다.

강박형(강한 정관 성향)

정관이 지나치게 강하면 강박적인 특성을 보인다.

강박형은 일과 상황에 대한 걱정과 두려움이 많고 지나치게 완벽함을 추구한다.

일단 책무나 과제를 맡으면 계획대로 실행되지 못할 경우를 예상해서 대비책을 마련하기 때문에 급변하는 상황에 잘 대처할 수 있는 능력을 갖추고 있다. 하지만 이러한 성향이 지나치게 강하면 세밀한 것까지 신경을 쓰고 완벽한 결과에 과도하게 집착하게 되면서 스트레스 지수가 극에 달한다.

또 매사에 철두철미해서 자신과 타인의 실수를 용납하지 않고, 지나치게 자기 언행을 돌아보게 된다.

한마디로 자기 신세를 스스로 달달 볶는 형이다.

그래서 신경성 질환을 달고 사는 경우가 많다.

자기 분야에서 업무 능력이 탁월하고 청렴결백하다. 하지만, 자기가 맡은 일이나 상황에 지나치게 몰두해서 워커홀릭(Workaholic)에 빠질 가능성이 높다.

이들은 지극히 이성적이고 논리적이라서 굉장히 냉철한 사람으로 보인다. 또 원리원칙을 지나치게 고수하고 정해진 틀에서 벗어나지 않기 때문에 융통성이라고는 눈곱만큼도 없고, 감정표현도 절제되어서 타인과 감정 교류가 어렵다.

윗사람이나 실력자를 존경하고 따르지만, 아랫사람에 대한 포용력이 약하다. 실력과 명예에 집착하는데, 이들에게 학벌은 굉장한 자존심이고 상대를 평가하는 중요한 기준이 된다.

내 성격 구조에 이러한 성향이 있다면, 완벽하게 일을 완성해야 한다는 생각을 내려놓아야 한다. 사람은 누구나 실수를 하고 그 실수를 통해 깨닫게 되고 발전한다는 것을 알아야 한다.

'나 아니면 안 된다.'라는 생각은 나도 타인도 힘들게 한다.

내가 아니면 안 될 것 같지만 내가 아니라도 누군가 내 일과 내 자리를 대신할 것이고, 그러한 사람이 넘치게 많은 것이 세상이다. 그래서 세상은 돌아간다.

또 원리원칙이 중요하기는 하지만 상황에 맞게 유연하게 대처하는 것도 필요하다는 것을 기억해야 한다.

이러한 성격유형의 사람과 대화를 하거나 인간관계를 맺게 된다면, 논리성이 떨어지거나 규정에서 벗어나는 행동은 삼가야 하고, 내 기준에 '이 정도쯤이야 괜찮겠지.'라는 부탁은 하지 않는 것이 좋다.

또 협상을 하거나 계약을 하러 갈 때는 관련 자료나 서류를 체계적이고 논리적으로 철저하게 준비해 가야 한다.

자기 폐쇄형(강한 편인 성향)

편인 성향이 지나치게 강하면 자기 폐쇄적인 특성이 나타난다.

자기 폐쇄형은 타인과 사회관계를 맺는 것을 좋아하지 않고 자기만의 생각에 갇혀 있어서 활동 범위가 지극히 제한적이고, 혼자 있는 것을 선호하기 때문에 집안에 칩거하는 외톨이형이 되기 쉽다.

감정 표현이 서툴고 속내를 털어 놓지 않는다. 타인에 대한 경계와 의심이 강하고 동정심이 부족하며 괴팍한 면이 있다.

배움에 대한 욕망이 강해서 여러 분야에 걸쳐 관심을 가지고 공부를 하지만 끝까지 마무리 짓는 힘이 약하고 원하는 성과를 얻지 못하는 경우가 많다.

또 무사안일을 추구하기 때문에 매사를 적당히 처리하려 하고 일을 완수하는 능력도 약하다.

내 성격 구조에 이러한 성향이 있다면, 혼자 있는 시간과 공간에서 잠시라도 벗어나서 세상과 소통하는 통로를 만들어 두는 것이 필요하다. 고립상태에 오래 노출되면 현실 감각이 떨어지고 회의적인 사고에 빠져들기 때문이다.

또 여러 가지 일이나 공부를 한꺼번에 시작하지 말고 감당해낼 만큼 하나씩 하는 것이 좋다.

이러한 성격유형의 사람과 대화를 하거나 인간관계를 맺게 된다면, 이들에게서 따뜻한 말이나 위로를 받으려는 생각은 하지 않는 것이 좋다. 이들은 동정심과 표현력이 부족하고 세상 일에 관여하는 것을 아주 싫어해서 타인의 고통에 무덤덤하게 반응하기 때문이다. 또 간섭받는 것을 아주 싫어하기 때문에 아무리 걱정되는 상황이라도 관여하지 않는 것이 좋다.

의존형(강한 정인 성향)

정인 성향이 지나치게 강하면 의존적인 특성이 나타난다.

의존형은 자기 스스로 결정하지 못하고 타인에게 의지하려는 마음이 강하기 때문에 결정 장애를 보이기도 한다.

개방성이 낮아서 낯선 환경에 처하는 것을 꺼리고, 새로운 환경에 대한 적응력이 약하고 그로 인해 급변하는 상황에 대한 빠른 대처 능력이 부족하다.

동정심이 많고, 타인의 부족한 부분이나 틀린 부분을 다소 지나칠 정도로 꼼꼼하게 가르쳐준다.

정인은 가장 수양이 된 마음 상태라서 정서적으로 안정적이다. 하지만 정서적으로 지나치게 안정성을 추구하기 때문에 일을 추진하는 속도가 느리고, '좋은 게 좋은 거다.'라는 마음이 강해서 자기 의사를 명백하게 밝히지 않는 경우가 많다.

또 맡은 일이나 사업이 성공하지 못하면 자기 행동을 반성하는 것이 아니라 실패의 원인을 다른 사람 탓으로 돌린다. 그래서 이들과 동업이나 프로젝트를 함께 할때는 주의가 필요하다. 실컷 해주고 욕 얻어먹을 상황에 처할 수 있기 때문이다.

익숙한 것과 옛것을 고수하려는 마음이 강하고 지나치게 보수적인 면이 있다. 또 자기감정을 잘 드러내지 않고, 철학이나 종교 등 삶의 궁극적인 물음에 대한 생각이 강해서 그런 분야의 공부를 하기도 한다.

내 성격 구조에 이러한 성향이 있다면, 스스로 의사를 결정하는 능력을 키우는 것이 필요하다. 짜장면과 짬뽕을 선택해야 할 상황이 오면 굳이 그 일로 갈등하지 말고 이번에는 짜장면을 먹고 다음에는 짬뽕을 선택하면 된다.

또 새로운 경험도 해보고 새로운 사람도 사귀면서 행동반경을 조금씩 넓히려는 노력이 필요하다.

세상은 넓고, 할 일은 많고, 갈 곳은 많고, 만날 사람도 많다.

이러한 성격유형의 사람과 대화를 하거나 인간관계를 맺게 된다면, 이들의 고지식함을 인정해주는 것이 좋다. 또 느려 보여도 기다려주는 인내가 필요하다.

선택의 순간에 놓였을 때, "이것은 이런 점이 좋고, 저것은 저런 점이 좋은데 어느 것에 마음이 더 끌리세요?"라는 말로 마음을 안정시켜 주는 것이 좋다.

그리고 이들의 보수적인 면에 도전적인 행동은 하지 않는 것이 좋다. 특히 일과 관련된 경우는 기존의 방식에서 크게 벗어나지 않으면서 해결할 수 있는 방법을 제시하는 것이 좋다.

이들은 자신의 영역을 벗어나거나 하던 방식에서 벗어나면 두려움을 심하게 느껴서 마음의 문을 닫기 때문이다.

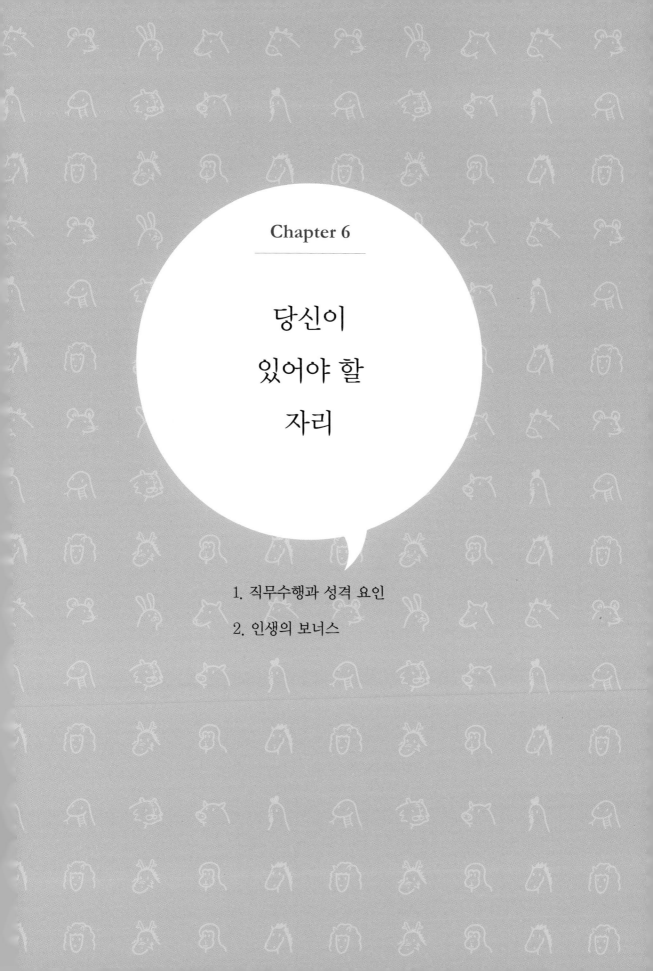

Chapter 6

당신이
있어야 할
자리

직무수행과 성격 요인

활동성

활동성이 발달한 사람은 대인관계 범위가 넓고 외부활동을 할 때 활력이 있다. 또 모든 일에 적극적으로 참여하고, 조직 내 변화상황에 대한 적응력이 뛰어난 특성을 보인다.

외향성 발달 여부는

첫째, 사주 내에 목(木)과 화(火)가 합쳐서 5개 이상이거나

둘째, T-존에 비견, 겁재, 상관, 편재, 편관이 있거나

셋째, 일간이 다른 천간에 있는 비견, 겁재, 상관, 편재, 편관과 합하거나, 일지가 다른 지지에 있는 비견, 겁재, 상관, 편재, 편관과 합하거나

넷째, 일지에 있는 글자를 기준으로 다른 지지에 활동성을 나타내는 글자가 있을 때이다.

일지	년지, 월지, 시지
신(申)	
자(子)	인(寅)
진(辰)	

일지	년지, 월지, 시지
인(寅)	
오(午)	신(申)
술(戌)	

일지	년지, 월지, 시지
해(亥)	
묘(卯)	사(巳)
미(未)	

일지	년지, 월지, 시지
사(巳)	
유(酉)	해(亥)
축(丑)	

〈표-15〉 활동성

예를 들어 일지에 자(子)가 있는 사람이 년지, 월지, 시지중에 인(寅)이 있으면 활동적이다. 하나 보다는 두 개, 두 개보다는 세 개가 있을 때 활동성이 더 크게 나타난다.

사주 내에 활동성에 해당하는 글자가 없어도 그런 특성이 나타나는 시기가 있다.

첫째, 대운 혹은 년운에서 활동성에 해당하는 글자가 들어올 때이다. 10년을 주기로 들어오는 대운에 해당 글자가 있으면 그 10년 동안은 외향적인 심리작용이 일어나고, 1년마다 들어오는 년운에 해당 글자가 있으면 그 1년 동안은 외향성이 강해진다.

둘째, 대운 혹은 년운에서 비견, 겁재, 상관, 편재, 편관 글자가 들어올 때인데, 특히 상관이 들어오면 활동성이 아주 강해진다.

시	일	월	년 (남자)
정재	일간	비견	편재
己	甲	甲	戊
巳	午	寅	辰
식신	상관	비견	편재

88	78	68	58	48	38	28	18	8
癸	壬	辛	庚	己	戊	丁	丙	乙
정인	편인	정관	편관	정재	편재	상관	식신	겁재
亥	戌	酉	申	未	午	巳	辰	卯
편인	편재	정관	편관	정재	상관	식신	편재	겁재

〈표-16〉 활동성 명조

이 명조는 사주 내에 목(木)과 화(火)가 5개이고, T-존인 일간이 편재 성향을 띠고, 월간에 비견, 일지에 상관이 자리하고 있다.

또 일지인 상관 오(午)가 월지 인(寅)과 인오 합을 하고 있어서 활동성이 아주 강하다.

특히 대운 28세부터는 상관 정(丁)이 들어와서 전국을 상대로 바쁘게 활동하고 있다.

우호성

우호성이 발달한 사람은 사교적이고 배려심이 많으며 타인의 의견에 긍정적으로 반응한다. 사람을 대할 때 따뜻하고 부드러운 태도로 친절하게 응대하기 때문에 타인으로부터 쉽게 호감을 얻는다. 또 상대방의 마음을 끌어당기는 힘이 강해서 처음 보는 사람과도 쉽게 인간관계를 형성한다.

사람들과의 관계망이 복잡한 현대사회에서는 우호성을 긍정적인 방향으로 잘 활용하면 사회생활에서 큰 장점으로 작용할 수 있다.

우호성 발달 여부는

첫째, T-존에 비견, 식신, 편재가 있거나

둘째, 일간이나 일지가 비견, 식신, 편재와 합하거나

셋째, 일지에 있는 글자를 기준으로 다른 지지에 우호성을 나타내는 글자가 있을 때이다.

일지	년지, 월지, 시지
신(申)	
자(子)	유(酉)
진(辰)	

일지	년지, 월지, 시지
인(寅)	
오(午)	묘(卯)
술(戌)	

일지	년지, 월지, 시지
해(亥)	
묘(卯)	자(子)
미(未)	

일지	년지, 월지, 시지
사(巳)	
유(酉)	오(午)
축(丑)	

〈표-17〉 우호성

우호성은 활동성이 이미도 있다.

우호성이 있다는 것은 사람의 마음을 끌어당기는 힘이 강하다는 것이고 자연히 만남의 기회가 많아지기 때문이다.

이쯤 되면 왜 배우자가 늦게 들어오는지, 무슨 모임이 그렇게도 많은지, 우리 아이는 학교 갔다 돌아오면 책가방만 던져놓고 어딜 그렇게 가는지, 찾는 친구는 왜 그렇게 많은지 지금까지 이해할 수 없었던 것들이 이해되기 시작할 것이다.

인간은 프로그램화된 대로 살아가고 있다는 것을 알고 그 프로그램화된 공식들을 알게 되면, 그 사람이 왜 그런 행동을 하는지 이해할 수 있다.

	시	일	월	년 (여자)
	편관	일간	정재	겁재
	癸	丁	庚	丙
	卯	酉	午	辰
	편인	편재	비견	상관

84	74	64	54	44	34	24	14	4
辛	壬	癸	甲	乙	丙	丁	戊	己
편재	정관	편관	정인	편인	겁재	비견	상관	식신
酉	戌	亥	子	丑	寅	卯	辰	巳
편재	상관	정관	편관	식신	정인	편인	상관	겁재

〈표-18〉 우호성 명조

이 명조는 일지 유(酉)의 우호성 글자에 해당하는 오(午)가 월지에 있고, 일지에 편재가 있어서 우호성이 강하게 자리하고 있다.

신경 과민성

신경이 과민한 사람은 사물과 사람의 특성, 상황 파악 및 변화 등을 감지하는 신체 기관의 스위치가 항상 ON으로 켜져 있어서 직감력이 탁월하다.

직감력이 뛰어나다는 것은 다른 사람들이 감지할 수 없는 에너지 흐름을 감지한다는 뜻이다. 그래서 신경이 예민할 수밖에 없는데 본인 의지와는 상관없이 몸이 스스로 반응하는 것이기 때문에 신경성 위염, 과민성 대장증후군, 알러지, 강박증 등 신경성과 관련된 증상들로 힘들어하는 경우가 많다. 그로 인해 잔병치레가 많고 조울증에 노출될 확률도 높다.

이러한 증상들을 완화하기 위해서는 스트레스를 최대한 줄이려는 노력이 필요하다. 신경 스위치를 끄는 것이 좋지만 신경은 내 마음과 상관없이 작동하는 것이기 때문에 '신경 끄자.'라고 마음먹는다고 꺼지는 것이 아니다.

어차피 신경이 무언가에 집중하는 시스템으로 프로그램화되어 있다면 보다 긍정적이고 심신의 안정과 자기 발전을 이룰 수 있는 방향으로 신경을 분산시키는 것이 좋다. 취미 생활이나 여가 활동 등 즐겁게 집중할 수 있는 분야와 집중해야만 하는 분야를 따로 만드는 것도 좋은 방법이다.

일에 대한 집중력이 강하고, 직무의 부정적인 부분과 실패할 가능성을 민감하게 포착하며, 그에 따른 예방책을 철저하게 마련한다. 걱정과 불안감이 높아 어떤 일을 시작할 때 망설이고 일을 끝낸 후 그 일에 대해 뒤돌아보며 고민하기도 한다.

신경 과민성 발달 여부는
첫째, T-존에 정관이 있거나

둘째, 일간이나 일지가 정관과 합을 하거나

셋째, 일지를 기준으로 다른 지지에 신경 과민성을 나타내는 글자 조합이 있을 때이다.

년 월 일 시	자(子) 유(酉)	축(丑) 오(午)	인(寅) 미(未)
	묘(卯) 신(申)	진(辰) 해(亥)	사(巳) 술(戌)

〈표-19〉 신경 과민성 글자 조합

신경 과민성은 표 안에 있는 두 글자가 한 세트로 있어야 한다.

자(子)와 유(酉), 축(丑)과 오(午), 인(寅)과 미(未), 묘(卯)와 신(申), 진(辰)과 해(亥), 사(巳)와 술(戌)은 각각 짝이므로 짝에 해당하는 두 글자가 모두 있어야 신경 과민성이 성립된다.

신경 조합이 사주에 있는 사람은 머리가 좋고 뛰어난 재능을 가지고 있다.

또 감수성이 풍부해서 사람들을 감동시키는 능력이 있고, 예술 방면이나 세심함이 필요한 전문 분야에서 뛰어난 능력을 드러내기도 한다.

한 가지 일에 집중하는 능력이 탁월해서 그 일에 좋은 성과를 내기도 하지만, 집중력이 지나쳐서 편집증이나 강박증으로 발전하기도 한다.

이 글자 조합이 있으면 정신적으로 문제가 있거나 무속인이 된다고 하는데 그렇지 않다. 직감력이 뛰어난 것과 무속인의 길은 엄연히 다르다. 무속의 길은 집안 대대로 내려오는 경우가 많고, 굳이 사주분포로 따지자면 사주가 지극히 한쪽으로 치우쳐 있는 경우가 많다.

신경 과민성 글자 조합이 사주에 없어도 그러한 특성이 나타나는 시기가 있다.

첫째, 대운이나 년운 글자가 신경 과민성 글자와 조합을 이루거나 둘째, 대운이나 년운에서 정관이 들어올 때이다.

	시	일	월	년 (여자)
	편관	일간	식신	편인
	丁	辛	癸	己
	酉	酉	酉	亥
	비견	비견	비견	상관

91	81	71	61	51	41	31	21	11	1
癸	壬	辛	庚	己	戊	丁	丙	乙	甲
식신	상관	비견	겁재	편인	정인	편관	정관	편재	정재
未	午	巳	辰	卯	寅	丑	子	亥	戌
편인	편관	정관	정인	편재	정재	편인	식신	상관	정인

〈표-20〉 신경 과민성 명조

이 명조는 지지에 신경 과민성을 나타내는 글자 조합이 없다.

년지 해(亥)는 진(辰)이 없고, 월지, 일지, 시지의 유(酉)는 자(子)가 없어서 신경 과민성이 성립되지 않는다.

하지만 21세 대운이 되면 지지에 자(子)가 들어와서 월지, 일지, 시지에 있는 유(酉)와 조합을 이루기 때문에 신경 과민성의 영향을 크게 받는다.

61세부터 70세까지 대운에서도 지지에 진(辰)이 들어와서 년지에 있는 해(亥)와 조합을 이루기 때문에 해당 10년 동안은 신경 과민성의 영향을 받게 된다.

신경 과민성 글자 조합이 없는 사람이 이러한 조합을 만나면, 선천적으로 신경 과민성 글자 조합이 있는 사람들보다 정신적, 육체적으로 더 힘듦을 느낀다.

신경 스위치가 OFF 상태에서 갑작스럽게 ON 상태로 전환되기 때문에 심신의 변화에 당혹스러움을 감출 수가 없다. 몸 여기저기가 아프고, 심장이 두근거리고, 불안하고, 초조하고, 짜증나고, 우울하고, 예전에는 그냥 넘겼을 일에 과민반응하거나 화를 내고, 과격한 행동이나 평상시와 전혀 다른 언행을 하기도 한다. 이러한 증상은 갱년기 증상과 비슷해서 중년기에 접어든 사람들은 갱년기로 착각하는 경우가 많다.

성인은 우울증과 공황장애로 발전하기도 하고, 아동과 청소년은 ADHD와 비슷한 증상을 보이기도 한다. 이러한 증상은 글자 조합이 이루어지는 기간이 지나면 자연스레 사라지게 된다.

신경 과민성에 해당하는 글자를 통해 어떤 신경 쓸 일이 생기는지 알 수도 있다. 10가지 성격유형 중 신경 과민성 글자가 상징하는 육친과 사회적 관계로 인해 신경 쓸 일이 생기게 된다.

각 글자가 나타내는 인간관계와 사회관계를 조합하면 앞날에 대해 예측할 수 있다. 위 명조는 상관과 정인 글자가 조합을 이루므로 상관의 인간관계와 정인의 사회관계, 정인의 인간관계와 상관의 사회관계를 조합하면 된다.

이런 공식에 따라 예측하고 미리 주의하면 충분히 힘든 상황을 피해갈 수 있다.

위 명조의 61세부터 70세까지 대운에서는 진(辰)이 들어와서 년지 해(亥)와 조합을 이루게 된다.

이 명조에서 해(亥)는 상관이고 진(辰)은 정인이다.

상관의 인간관계는 여성에게는 자식, 아랫사람, 학생, 업체 직원, 내가 도움을 주는 사람, 할머니 등이고, 남성에게는 아랫사람, 학생, 업체 직원, 내가 도움을 주는 사람, 할머니, 장모 등이 해당한다. 사회적 관계로는 활동, 민원, 소송, 애먼 소리, 프로젝트 발표, 베풂과 나눔, 아이디어에 기반한 물품 생산 등을 나타낸다.

정인은 인간관계에서는 남녀 모두 어머니, 나를 도와주는 사람, 스승 등이고, 사회적 관계에서는 서류작업, 공부, 약속, 예약, 계약, 과거 일, 유산 등을 상징한다.

위 명조의 주인공은 여성으로 자식과 문서적인 일로 문제가 생기고, 업체 직원과 거래 계약서 때문에 문제가 생기는 등 신경 쓸 일들이 생겨서 힘들어하고 있다.

개방성

사고가 개방적인 사람은 다양한 경험과 가치를 열린 마음으로 받아들이고 새로운 환경에 대한 적응력이 높다.

업무 변화에 대한 적응력도 뛰어나서 새로운 일을 맡으면 다른 사람보다 빠르게 성과를 이루어낸다.

상상력이 풍부하고 호기심도 많아서 새로운 일을 탐색하고 도전하는 것을 좋아하는데, 이들의 생각은 일반인들이 생각하는 범위를 넘어서기 때문에 독창적이고 시대를 앞서간다.

개방성의 발달 여부는

첫째, 일간이 계(癸)이거나

둘째, T-존에 상관이 있거나

셋째, 일간 혹은 일지가 상관과 합하거나

넷째, 사주 전체에 상관이 3개 이상이거나

다섯째, 천간이 합을 하거나 지지가 합을 해서 식상이 많아질 때이다.

사주에 상관이 없어도 대운이나 년운에서 상관이 들어오면 새로운 경험에 대한 욕구가 생겨나고, 환경 변화에 대한 마음이 일어나서 외부활동을 많이 하게 된다.

특히 위 조건에 해당하는데 운에서 다시 상관이 들어오면 변화에 대한 마음이 강하게 일어나서 잘 다니던 직장을 그만두고 새로운 일거리를 찾아 나서기도 한다.

	시	일	월	년 (남자)
	편인	일간	상관	정재
	己	辛	壬	甲
	亥	亥	申	寅
	상관	상관	겁재	정재

81	71	61	51	41	31	21	11	1
辛	庚	己	戊	丁	丙	乙	甲	癸
비견	겁재	편인	정인	편관	정관	편재	정재	식신
巳	辰	卯	寅	丑	子	亥	戌	酉
정관	정인	편재	정재	편인	식신	상관	정인	비견

〈표-21〉 개방성 명조

이 명조는 T-존인 월간과 일지에 상관이 있고, 시지에도 상관이 있어 전체적으로 개방성이 강하다.

호기심이 많고 새로운 문화와 경험을 좋아하며, 환경 변화에 대한 스트레스 지수가 낮아 새로운 환경에 빠르게 적응하고 있다.

천간의 분포를 살펴보면, 시간에 기(己), 일간에 신(辛), 월간에 임(壬), 연간에 갑(甲), 년지에 인(寅)이 있어 토(土)→금(金)→수(水)→목(木) 순으로 기운이 흘러가고 있다.

성실성

성실한 사람은 책임감이 강하고 주위 환경에도 아랑곳하지 않으며 주어진 일을 일관성 있게 실행하는 능력이 우수하다.

또 자기 행동에 통제력이 있고 질서정연하게 일을 처리하며, 사람들과의 약속을 잘 지킨다. 목표한 일을 이루면서 삶의 의미를 찾아가는 성취 지향형이기도 하다.

성실성의 발달 여부는

첫째, T-존에 비견, 식신, 편관, 정관, 정인이 있거나

둘째, 일간이나 일지가 비견, 식신, 편관, 정관, 정인과 합을 할 때이다.

시	일	월	년 (남자)
식신	일간	비견	상관
甲	壬	壬	乙
辰	辰	午	亥
편관	편관	정재	비견

88	78	68	58	48	38	28	18	8
癸	甲	乙	丙	丁	戊	己	庚	辛
겁재	식신	상관	편재	정재	편관	정관	편인	정인
酉	戌	亥	子	丑	寅	卯	辰	巳
정인	편관	비견	겁재	정관	식신	상관	편관	편재

〈표-22〉 성실성 명조

이 명조는 일간에 임(壬)이 있어 식신의 성향을 띠고, 월간에 비견, 시간에 식신, 일지에 편관이 자리하고 있어서 강한 성실함을 가지고 있다.

언행이 진중하면서 부드럽고 따스한 배려심을 가지고 있어서 인간관계를 잘 형성하고 있다. 어렵고 힘든 상황에 놓인 사람들을 잘 도와주고 동료애가 있어서 친구들에게 인기가 많다.

자존심이 강하고 자기 능력에 대한 자신감도 강해서 주어진 일을 계획하고 실행하는 능력이 뛰어나다. 혼자 잘 사는 것보다 많은 사람이 더불어 잘 살아가는 것에 관심이 많고 그런 분야에서 일하는 것을 목표로 하고 있다. 감성적인 면과 이성적이고 비판적인 사고력을 함께 지니고 있어서 상황에 맞게 적절한 태도로 일을 잘 처리한다.

자신이 목표한 일을 성취하기 위해 부지런히 공부하고 있으며 직장에서도 성실함을 인정받아 인재로 성장해 나가고 있다.

이 명조는 년지에 해(亥), 일지와 시지에 진(辰)이 있어서 강한 신경 과민성을 가지고 있다. 집중력이 뛰어나서 한 가지 일에 몰두하면 반드시 성과를 이루어내야 직성이 풀리는 타입이다.

일지에 편관이 있어서 자칫 자기중심적으로 흘러갈 수 있는 면을 신경 과민성이 잡아주는 역할을 하고 있다. 일을 시작하기 전에는 신경 과민성이 없는 사람보다 고민을 많이 하지만 일단 일이 시작되면 강한 책임감으로 질서정연하게 일을 처리하기 때문에 그 능력과 성실함을 높이 평가받고 있다.

학문적 성취 지향성

학문이나 자기 분야에서 목표를 설정하고 뛰어난 성취를 이루기 위해 부단히 노력하는 사람들이 있다. 이들 중 학문과 예술적 재능을 타고 난 사람들이 있는데, 이들은 두뇌가 명석하고 지혜가 뛰어나서 자신이 탐구하고자 하는 학문이나 예술 분야에서 스스로 깨우쳐 최고 수준의 실력을 갖추기도 한다.

또 문장력이 우수하여 문학에 재능을 보이고, 예술 방면에도 천부적인 재능을 가지고 있는 경우가 많다.

일지	亥 卯 未 해 묘 미	寅 午 戌 인 오 술	巳 酉 丑 사 유 축	申 子 辰 신 자 진
년지 월지 시지	未 미	戌 술	丑 축	辰 진

〈표-23〉 학문적 성취 지향성

	시	일	월	년 (여자)
	비견	일간	상관	편관
	癸	癸	甲	己
	亥	巳	戌	丑
	겁재	정재	정관	편관

〈표-24〉 학문적 성취 지향성 명조

이 명조의 주인공은 일지가 사(巳)이고 년지에 축(丑)이 있어서 학문적 성취 지향성을 가지고 있다.

문장력이 뛰어나서 글짓기를 잘하고, 음악과 미술 분야에도 재능을 가지고 있어서 또래들보다 시작이 늦었음에도 뛰어난 성과를 보이고 있다.

리더십

리더십은 사회구성원들이 조직 활동을 원활히 진행해 나갈 수 있도록 관리하고 집단을 이끌어 가는 능력을 말한다. 리더는 자신감이 있고 상황에 따른 빠른 대처 능력과 판단력을 갖추고 강한 자기 주장성도 있어야 한다.

리더십의 발달 여부는

첫째, 일간이 병(丙) 혹은 경(庚)이거나

둘째, T-존에 비견, 편관이 있거나

셋째, 리더십에 해당하는 글자 조합이 일주에 있을 때이다.

| 일주 | 庚 庚 壬 壬 |
| | 辰 戌 辰 戌 |

〈표-25〉 리더십

특히 리더십에 해당하는 글자 조합이 일주에 있는 사람은 권위가 있고 사람들을 이끌어가는 카리스마가 있다. 총명하고 지혜로우며 어떤 어려운 상황에서도 목표한 일을 완성하는 능력이 있고 자기주장이 확실하다.

시	일	월	년 (여자)
편인	일간	편재	상관
庚	壬	丙	乙
戌	戌	戌	巳
편관	편관	편관	편재

〈표-26〉 리더십 명조

이 명조의 주인공은 임술(壬戌)일, 경술(庚戌)시에 태어났다.

늘 자신감이 충만하고 자기주장이 확실해서 사람들을 이끌어가는 능력이 탁월하다.

다만 월지, 일지, 시지에 편관이 자리하고 있어서 독재적인 성향을 가지고 있다. 고집이 굉장히 세고 다른 사람의 말은 들으려 하지 않으며 독단적으로 판단하고 일을 추진한다. 그래서 구성원들과 갈등이 있기는 하지만 사업을 계획하고 실행하는 능력은 타의 추종을 불허한다.

리더십을 나타내는 글자 조합은 일주에 있을 때 영향력이 가장 강하지만, 일주가 아닌 다른 년주, 월주, 시주에 있어도 다소 영향을 미친다.

인생의 보너스

내 인생은 내 마음대로 될 것 같지만
내 뜻대로 흘러가지 않는 것이 인생이다.

인덕(人德)

인생 고개를 넘다 보면 좋은 사람과 좋은 인연을 맺는다는 것이 얼마나 축복받은 일인지 느낄 때가 있다. 특히 어렵고 힘든 일과 마주했을 때 그 상황에서 빨리 벗어나고 좋은 방향으로 해결될 수 있도록 도움을 주는 사람을 만난다는 것은 전생에 나라를 몇 번 구해야만 얻을 수 있는 하늘이 주는 선물이라고 표현하기도 한다.

명리학에서는 인덕의 유무를 아래와 같은 방법으로 파악한다. 인덕의 글자는 사회 관계에서 좋은 사람과의 인연을 주관하는 것으로 사주에 이러한 글자들이 있는 사람은 생각지도 못한 사람으로부터 도움을 쉽게 받을 수 있다.

또 어렵고 힘든 상황에서는 좋은 방향으로 빨리 변화되도록 작용하고, 좋은 상황에서는 그 결과가 더 좋아지도록 작용한다.

일간	甲 戊 庚 갑 무 경	乙 己 을 기	丙 丁 병 정	壬 癸 임 계	辛 신
해당지지	丑 未 축 미	申 子 신 자	酉 亥 유 해	卯 巳 묘 사	寅 午 인 오

〈표-27〉 인덕

전통적인 해석에서 인덕에 해당하는 글자는 남성에게는 좋게 작용하지만, 여성에게는 나쁘게 작용하는 것으로 보았다.

인덕에 해당하는 글자가 있으면 사람들과 만남의 기회가 많아진다. 신분제도가 엄격했던 시대에는 여성이 외부활동을 하고 뭇 남성들을 만나는 것은 금기시되었기 때문에 인덕에 해당하는 글자가 여러 개 있는 여성을 좋게 보지 않았다.

현대는 해석이 달라져야 한다.

사회생활에 있어서 사람들과 만남은 필수조건이다. 좋은 인연을 맺는 것도 일단 사람을 만나야 가능한 일이다. 따라서 여성과 남성 모두에게 좋은 인연을 만나고 도움을 받을 수 있는지 알 수 있는 인연 분석법 중의 하나이다.

```
시      일      월      년 (여자)

정관    일간    편재    정관
戊      癸      丁      戊
午      卯      巳      申
편재    식신    정재    정인
```

〈표-28〉 인덕 명조

이 명조의 주인공은 계(癸)가 일간에 있어서 상관의 특성을 보이고, T-존에 식신, 편재, 정관이 자리하고 있다.

감수성이 풍부하고 예술적 재능이 뛰어나서 미술과 무용을 선공하고 강사로 활동하고 있다. 일지에 식신이 있어서 어려운 사람을 잘 도와주고 자기 분야에 깊이 있게 연구하는 것을 좋아한다.

시간과 년간에 있는 정관 무(戊)는 일간(癸)과 합을 해서 화(火)로 변화하기 때문에 재성 즉 돈에 대한 마음이 강해진다.

일간은 상관 성향을 지니고 있으면서 시간에 정관이 있고 또 정관과 합을 하기 때문에 신경이 예민하고 늘 걱정거리를 끌어안고 있으며, 성격이 이랬다저랬다 하는 면을 보이기도 한다.

또 자유분방한 것을 좋아하지만 한편으로는 규범, 규율, 원리원칙을 중요시하기 때문에 어디로 튈지 모르는 변화성을 가지고 있다.

월간 편재의 영향으로 자기가 직접 안무를 기획하고 촬영하는 것을 좋아하며 손재주가 뛰어나서 의상을 손수 리폼하기도 한다.

이 명조는 일지에 묘(卯)가 있고, 년지에 신(申)이 있어서 신경과민성을 가지고 있다. 예술적 재능과 영감이 뛰어나서 한번 본 것을 그대로 따라 하고 자기 것으로 만드는 능력이 탁월하다. 특히 일지를 포함해서 신경과민성이 성립되기 때문에 그 영향력이 훨씬 강해진다.

일지에 묘(卯), 월지에 사(巳)가 자리하고 있어 계(癸)에 해당하는 인덕 글자가 2개이다. 특히 일지와 월지에 자리하고 있어서 그 영향력이 2~3배로 커진다. 늘 주변 사람으로부터 도움을 많이 받고 있고, 계획이나 목표가 생기면 도움이 되는 사람과 연이 닿아 일이 잘 풀리고 있다.

조상덕

햇살이 내려앉는 창가에 거대한 체스판이 놓여있고 판 위의 말들은 신의 손길에 따라 이동한다. 신은 규칙에 따라 놓던 말을 정해진 다음 자리가 아닌 전혀 다른 자리에 놓기도 하고, 때로는 그 판을 엎으면서 우리의 운명을 다루고 있다.

동화 속 주인공인 콩쥐와 신데렐라는 국적이 다르고 시대적 배경도 다르지만 하나의 공통점을 가지고 있다. 어렵고 힘들 때 하늘로부터 뜻하지 않은 도움을 받았다는 것이다. 도저히 이루어질 수 없는 일이 일어났을 때 우리는 그것을 기적이라 부르고, 신의 가호, 조상의 보살핌으로 받아들인다.

명리학에서는 조상으로부터 도움을 받는 덕이 있는지 없는지를 알아보는 척도가 있는데, 이들은 조상의 덕을 주관하는 것으로 이것이 사주에 있으면 조상의 보살핌을 쉽게 받을 수 있다.

또 어려운 상황을 만나면 빨리 그 상황에서 벗어나서 좋은 방향으로 일이 진행되게 하고, 좋은 상황에서는 그 일이 더 좋은 결과를 불러오도록 작용한다.

월지	亥 해	子 자	丑 축	寅 인	卯 묘	辰 진	巳 사	午 오	未 미	申 신	酉 유	戌 술
천간 지지	乙 을	巳 사	庚 경	丁 정	申 신	壬 임	辛 신	亥 해	甲 갑	癸 계	寅 인	丙 병

〈표-29〉 조상의 보살핌 I

월지	亥 卯 未 해 묘 미	寅 午 戌 인 오 술	巳 酉 丑 사 유 축	申 子 辰 신 자 진
천간	甲 갑	丙 병	庚 경	壬 임

〈표-30〉 조상의 보살핌 Ⅱ

시　　일　　월　　년 (여자)

겁재　일간　편관　비견
癸　　壬　　戊　　壬
卯　　辰　　申　　寅
상관　편관　편인　식신

〈표-31〉 조상의 보살핌 명조 Ⅰ

　이 명조의 주인공은 신(申)월에 태어나고, 시간에 계(癸)가 있어서 〈조상의 보살핌 Ⅰ〉에 해당하는 글자를 가지고 있다. 또 월지가 신(申)인데 일간과 년간에 임(壬)이 있어서 〈조상의 보살핌 Ⅱ〉에 해당하는 글자도 가지고 있다.

　젊은 시절 경제적으로 어려운 시기가 있었지만, 주변 사람들의 도움을 받아 부를 획득하게 되었고, 어려운 일이 있을 때마다 생각지도 못한 도움으로 일이 해결되고 있다.

시	일	월	년 (남자)
정관	일간	편인	정재
壬	丁	乙	庚
寅	卯	酉	辰
정인	편인	편재	상관

〈표-32〉 조상의 보살핌 명조 Ⅱ

이 명조의 주인공은 유(酉)월에 태어나고 시지에 인(寅)이 있어서 〈조상의 보살핌
Ⅰ〉에 해당하는 글자를 가지고 있다. 또 년간에 경(庚)이 있어 유(酉)월에 해당하는
〈조상의 보살핌 Ⅱ〉의 글자를 가지고 있다.

하는 일마다 성공을 거두었고, 고령인 지금까지도 사회적으로 활발한 활동을 이어
가고 있으며 만인의 존경을 한 몸에 받고 있다.

하늘로부터 받은 선물

인덕은 살아있는 사람의 도움이고, 조상덕은 죽은 조상의 도움을 의미한다. 이들은 개인의 능력과 노력을 넘어선 인생의 보너스 같은 것이다.

사주에 인덕과 조상덕에 해당하는 글자가 있으면 좋겠지만 없는 사람도 많다.

없는 사람은 정말 인덕과 조상덕이 없는 것일까?

그렇지 않다.

시간이나 월간, 혹은 일지에 편인이나 정인이 있어서 일간을 도와주는 경우도 주위의 도움을 많이 받게 된다. 또 사주 전체의 조화를 이루는 헬퍼(helper) 글자가 일간 가까이 있을 때도 그렇다.

인덕과 조상덕은 하늘로부터의 도움을 뜻한다.

몇 대 조상이 내려와서 도와주는 것이 아니라 하늘에서 도와주는 기운이 작용하고 있는 것이다.

인덕과 조상덕이 없는 사람은 지금부터 내가 만들어 나가면 된다. 죽은 조상만 조상이 아니라 우리 아이들에게는 우리가 조상이고 시간이 지나면 우리도 그 조상 자리로 가기 때문이다.

덕을 베푸는 것은 거창한 것이 아니다.

살아있는 동안 내 능력 범위 안에서 어렵고 힘든 사람들을 도와주고, 세상에 선한 영향력을 미치는 사람이 되도록 노력하는 것이다.

배고픈 사람에게 밥 한 끼 대접하고, 좌절에 빠진 사람에게 따뜻한 말 한마디 건네는 것이 인덕을 쌓고 조상 덕을 만드는 길이다.

씨앗이 있어야 열매가 있는 법

오행의 상생 구조도를 보면, 목(木)이 화(火)를 도와준다고 해서 화(火)가 목(木)을 도와주지는 않는다. 하지만 화(火)는 토(土)를 도와주고, 토(土)는 금(金)을, 금(金)은 수(水)를 도와주어서 마침내 수(水)가 목(木)을 도와주게 된다.

인간사도 이와 같다.

내가 누군가를 도와준다고 해서 그 사람이 바로 나를 도와주지는 않는다. 하지만 내 도움을 받은 그 사람은 다른 사람을 도와주고, 그 도움을 받은 사람이 다시 누군가를 도와주고, 그렇게 돌고 돌아 내게 도움의 손길로 돌아오게 되는 것이다.

그래서 도움의 손길을 내밀 때는 순수한 마음으로 해야 한다.

'이만큼 하면 이만큼의 복을 받겠지'라는 마음을 내려놓고 순수하게 마음을 나누다 보면 살아생전에 뿌린 인덕과 조상덕의 씨앗이 좋은 결실로 맺어질 날이 올 것이다.

만약 내가 살아있는 동안 그 열매를 맛보지 못하더라도 달이 차면 기울고 해가 뜨면 지는 이치와 같이 달콤한 그 열매는 분명 나를 닮은 내 자손이 맛보게 될 것이다.

Chapter 7

생각과 행동의
변화 관계와
응용

사주에서 글자 하나하나는 그 사람의 생각을 나타내고 그 생각은 행동으로 이어지게 되는데, 생각과 행동의 변화는 천간은 천간끼리, 지지는 지지끼리 서로 합하거나 누르거나 부딪히면서 일어난다.

이 변화는 음양(陰陽) 법칙을 기반으로 일어나는데, 음과 양은 서로 끌어당기는 작용을 하고, 음과 음, 양과 양은 서로 밀어내는 작용을 한다.

천 간

천간 글자는 두 가지 방식으로 관계를 이룬다.

첫째, 글자끼리 서로 합하는 관계인 '천간합'이다.

둘째, 한 글자가 다른 글자를 누르는 관계인 '천간극'이다.

천간합

천간 글자가 서로 합하는 것을 '천간합(天干合)'이라고 한다.

천간합은 천간 글자를 누르는 오행(극을 하는 오행)과 눌리는 오행(극을 당하는 오행)이
결합하는 것으로, 누르는 오행은 양(陽)이고 눌리는 오행은 음(陰)이다.

천간	합한 오행
갑(甲)	토(土)
기(己)	

천간	합한 오행
을(乙)	금(金)
경(庚)	

천간	합한 오행
병(丙)	수(水)
신(辛)	

천간	합한 오행
정(丁)	목(木)
임(壬)	

천간	합한 오행
무(戊)	화(火)
계(癸)	

〈표-33〉 천간합

갑(甲)과 기(己)

갑(甲)과 기(己)가 만나 합하면 토(土)로 변화된다.

오행 관계를 살펴보면, 목(木)은 화(火)를 도와주지만 하나 건너뛴 위치에 있는 토(土)를 누른다.

갑(甲)은 양목(陽木)이므로 자신이 누를 음토(陰土)와 손을 잡는다.

토(土)에는 무(戊)와 기(己)가 있는데, 이 중에서 음토는 기(己)이므로 갑(甲)은 기(己)와 합을 한다.

을(乙)과 경(庚)

을(乙)과 경(庚)이 만나면 금(金)으로 변화된다.

오행 관계를 살펴보면, 목(木)을 누르는 것은 금(金)이다.

을(乙)은 음목(陰木)이므로 자신을 누를 양금(陽金)과 손을 잡는다.

금(金)에는 경(庚)과 신(辛)이 있는데, 이 중에서 양(陽)은 경(庚)이므로 을(乙)은 경(庚)과 합을 한다.

병(丙)과 신(辛)

병(丙)과 신(辛)이 만나면 수(水)로 변화된다.

오행 관계를 살펴보면, 화(火)가 누르는 것은 금(金)이다.

병(丙)은 양화(陽火)이므로 자신이 누를 음금(陰金)과 손을 잡는다.

음금은 신(辛)이므로 병(丙)은 신(辛)과 합을 한다.

정(丁)과 임(壬)

정(丁)과 임(壬)이 만나면 목(木)으로 변화된다.

오행 관계를 살펴보면, 화(火)를 누르는 것은 수(水)이다.

정(丁)은 음화(陰火)이므로 자신을 누를 양수(陽水)와 손을 잡는다.

수(水)에는 임(壬)과 계(癸)가 있는데, 이 중에서 양수는 임(壬)이므로 정(丁)은 임(壬)과 합을 한다.

무(戊)와 계(癸)

무(戊)와 계(癸)가 만나면 화(火)로 변화된다.

오행 관계를 살펴보면, 토(土)가 누르는 것은 수(水)이다.

무(戊)는 양토(陽土)이므로 자신이 누를 음수(陰水)와 손을 잡는다.

음수는 계(癸)이므로 무(戊)와 계(癸)가 합을 한다.

시	일	월	년 (남자)
비견	일간	정재	식신
丙	丙	辛	戊
申	午	酉	申
편재	겁재	정재	편재

〈표-34〉 천간합 명조

이 명조는 화(火), 토(土), 금(金)으로만 구성되어 있다. 일간 병(丙)과 시간 병(丙)은 월간 신(辛)과 합을 하여 수(水)로 변화된다.

이 명조는 겉으로 보기에는 수(水)가 없지만 합으로 인해 수(水) 기운이 강해진다. 수(水)는 관성에 해당하므로 관성의 성격적 특성을 나타낸다.

일간 병(丙)은 정재 신(辛)과 합을 하기 때문에 정재의 성격적 특성을 품는다. 또 명조 전체에서 년지와 시지에 편재, 월간과 월지에 정재가 자리하고 있어서 돈에 대한 마음이 크고 늘 돈이 되는 일을 찾아다닌다. 웬만한 돈은 푼돈으로 생각하지만 타인에 대한 베풂은 적다.

천간합이든 지지합이든 합을 해서 다른 오행으로 변화되면 해당 글자가 사라지는 것으로 생각하는 데 그렇지 않다. 위 명조에서 병(丙)과 신(辛)이 합을 해서 수(水)가 되는 것은 수(水)에 해당하는 변화가 일어나는 것을 의미하는 것일 뿐, 병(丙)과 신(辛)이 없어짐을 뜻하는 것은 아니다.

결혼을 하면 누구 아내와 남편이 되고, 자녀가 생기면 누구 엄마와 아빠가 되지만 본래의 자기 이름과 존재가 사라지는 것이 아니듯이 합도 이와 같은 이치이다.

천간극

천간에 있는 한 글자가 다른 글자를 누르는 것을 '천간극(天干剋)'이라고 한다.

극은 두 가지로 나누어지는데, 해당 글자가 누르는 경우와 해당 글자가 눌림을 당하는 경우이다.

'종로에서 뺨 맞고 한강에 가서 화풀이한다.'라는 속담을 연상시키는 관계다. 이때 양은 양끼리, 음은 음끼리 작용한다.

경(庚)	→	갑(甲)	→	무(戊)
신(辛)	→	을(乙)	→	기(己)
임(壬)	→	병(丙)	→	경(庚)
계(癸)	→	정(丁)	→	신(辛)
갑(甲)	→	무(戊)	→	임(壬)
을(乙)	→	기(己)	→	계(癸)

〈표-35〉 천간극

갑(甲)과 경(庚), 갑(甲)과 무(戊)

큰 톱은 큰 나무를 자르고, 큰 나무는 넓은 땅에 뿌리를 내린다.

경(庚)은 갑(甲)을 누르고, 갑(甲)은 무(戊)를 누르는 관계에 있다.

을(乙)과 신(辛), 을(乙)과 기(己)

칼이나 낫 등 작은 철 기구는 작은 화초를 자르고, 작은 화초는 화분처럼 작은 흙에 뿌리를 내린다.

신(辛)은 을(乙)을 누르고, 을(乙)은 기(己)를 누른다.

병(丙)과 임(壬), 병(丙)과 경(庚)

큰물은 큰불을 끄고, 거대한 용암은 큰 쇳덩이를 녹인다.

임(壬)은 병(丙)을 누르고, 병(丙)은 경(庚)을 누른다.

정(丁)과 계(癸), 정(丁)과 신(辛)

적은 물은 작은 불을 끄고, 대장간의 불은 쇠를 녹인다.

계(癸)는 정(丁)을 누르고, 정(丁)은 신(辛)을 누른다.

무(戊)와 임(壬), 병(丙)과 임(壬)

큰 흙은 댐이 되어 많은 양의 물을 가두고, 큰물은 큰불을 끈다.

무(戊)는 임(壬)을 누르고, 임(壬)은 병(丙)을 누른다.

기(己)와 계(癸), 정(丁)과 계(癸)

비가 내리면 작은 웅덩이에 물이 고이는 것처럼 작은 흙더미는 적은 양의 물을 가두고, 적은 물은 작은 불을 끈다.

기(己)는 계(癸)를 누르고, 계(癸)는 정(丁)을 누른다.

	시	일	월	년 (남자)
	겁재	일간	편관	편관
	壬	癸	己	己
	子	巳	巳	未
	비견	정재	정재	편관

〈표-36〉 천간극 명조

이 명조는 년간과 월간에 기(己)가 있고 일간에 계(癸)가 자리하고 있어서 계(癸)가 두 기(己)로부터 눌림을 당하고 있다.

월간이나 시간에 편관이 있어서 일간이 바로 옆에서 눌림을 당하면, 남녀 모두 직장 일로 스트레스를 많이 받거나 직장 상사와 의견충돌이 많아지게 된다. 남성은 자식과 의견충돌이 있고, 여성은 배우자와 의견충돌이 많아지게 된다. 이런 명조를 가진 사람은 아무리 배우자와 자식이라고 해도 그들의 일에 간섭하지 말고 적정한 거리를 유지하려는 노력이 필요하다.

또 편관은 책임감과 열등감을 상징하므로 본인이 맡은 일을 책임지고 완수하려는 성향이 강하고, 겉으로는 강해 보여도 마음에는 열등감이 잠재해 있다.

지 지

지지합(地支合)

지지 글자는 세 가지 방식으로 합을 한다.

첫째, 지지에 있는 두 글자가 합하는 것을 '육합'이라고 한다.

둘째, 지지에 계절과 방위를 나타내는 세 글자가 합해서 하나의 오행 세력을 형성하는 것을 '방위의 합' 또는 줄여서 '방합'이라고 한다.

셋째, 지지에 합으로 변화되는 오행을 품고 있는 세 글자가 합해서 하나의 오행 세력을 형성하는 것을 '삼합'이라고 한다.

육합(六合)

자(子)와 축(丑)을 중심으로 자(子)는 역방향 순으로 해(亥) → 술(戌) → 유(酉) → 신(申) → 미(未), 축(丑)은 순방향 순으로 인(寅) → 묘(卯) → 진(辰) → 사(巳) → 오(午)로 진행하면서 서로 마주보는 글자와 합을 한다.

축(丑)	인(寅)	묘(卯)	진(辰)	사(巳)	오(午)
자(子)	해(亥)	술(戌)	유(酉)	신(申)	미(未)

지지	합한 오행
자(子)	토(土)
축(丑)	

지지	합한 오행
인(寅)	목(木)
해(亥)	

지지	합한 오행
묘(卯)	화(火)
술(戌)	

지지	합한 오행
진(辰)	금(金)
유(酉)	

지지	합한 오행
사(巳)	수(水)
신(申)	

지지	합한 오행
오(午)	화(火)
미(未)	

〈표-37〉 지지 육합

자(子)와 축(丑)

자(子)와 축(丑)이 만나서 합하면 토(土)로 변화한다.

인(寅)과 해(亥)

인(寅)과 해(亥)가 만나면 목(木)으로 변화한다.

묘(卯)와 술(戌)

묘(卯)와 술(戌)이 만나면 화(火)로 변화한다.

진(辰)과 유(酉)

진(辰)과 유(酉)가 만나면 금(金)으로 변화한다.

사(巳)와 신(申)

사(巳)와 신(申)이 만나면 수(水)로 변화한다.

오(午)와 미(未)

오(午)와 미(未)가 만나면 화(火)로 변화한다.

시	일	월	년 (여자)
정인	일간	정인	겁재
丁	戊	丁	己
巳	申	丑	亥
편인	식신	겁재	편재

〈표-38〉 지지 육합 명조

이 명조에서는 일지 신(申)과 시지 사(巳)가 사신(巳申) 합을 해서 수(水)가 된다.

시지 사(巳)는 시간 정(丁)으로부터 도움을 받고 있고, 일지 신(申)은 일간 무(戊)와 월지 축(丑)으로부터 도움을 받고 있어서 화(火)와 금(金) 건강이 양호한 것처럼 보인다. 하지만 사신(巳申) 합으로 인해 화(火)와 금(金)에 해당하는 건강이 약해진다.

지지삼합(地支三合)

지지 세 글자가 모여 하나의 오행 세력을 형성하는 것을 말한다. 세 글자 모두 합으로 변하는 오행에 해당하는 글자를 품고 있다.

지지	합한 오행
신(申)	
자(子)	수(水)
진(辰)	

지지	합한 오행
인(寅)	
오(午)	화(火)
술(戌)	

지지	합한 오행
해(亥)	
묘(卯)	목(木)
미(未)	

지지	합한 오행
사(巳)	
유(酉)	금(金)
축(丑)	

〈표-39〉 지지삼합

시	일	월	년 (남자)
정관	일간	비견	편재
癸	丙	丙	庚
巳	寅	戌	午
비견	편인	식신	겁재

〈표-40〉 지지삼합 명조

이 명조는 일간가 월간에 병(丙), 년지에 오(午), 시지에 사(巳)가 있어서 원래 화(火)의 기운이 강한데, 일지에 인(寅), 년지에 오(午), 월지에 술(戌)이 인오술 합을 해서 화(火)로 변화하기 때문에 화(火) 기운이 극도로 강하게 되었다.

화(火)는 비겁에 해당하므로 화(火) 과다와 비겁이 과다한 성격적 특성을 보인다.

도전정신과 모험심이 강하지만, 불같이 화를 잘 내고 지나치게 자기중심적이다. 겁 없이 일을 시작하고 힘든 일이 있어도 잘 헤쳐나가지만 일을 마무리를 짓는 힘이 약하다.

성격이 급하고 언어가 거칠어서 하고 싶은 말은 앞뒤 분간 없이 그대로 툭 내뱉는 바람에 낭패를 보는 경우가 종종 있다.

지지반합(地支半合)

지지 삼합에 해당하는 세 글자 중 두 글자가 모여서 합하는 것을 말한다. 이때 반드시 우호성에 해당하는 자(子), 오(午), 묘(卯), 유(酉) 글자가 있어야 합이 이루어진다.

신(申)·자(子)·진(辰)을 예로 들면, 신(申)과 자(子), 자(子)와 진(辰)이 만나면 수(水)가 되지만, 신(申)과 진(辰)이 만나면 합이 이루어지지 않는다.

지지	합한 오행
신(申)자(子)	수(水)
자(子)진(辰)	

지지	합한 오행
인(寅)오(午)	화(火)
오(午)술(戌)	

지지	합한 오행
해(亥)묘(卯)	목(木)
묘(卯)미(未)	

지지	합한 오행
사(巳)유(酉)	금(金)
유(酉)축(丑)	

〈표-41〉 지지반합

	시	일	월	년 (남자)
	상관	일간	편재	편인
	丁	甲	戊	壬
	卯	子	申	申
	겁재	정인	편관	편관

〈표-42〉 지지반합 명조

이 명조는 년지와 월지에 신(申), 일지에 자(子)가 자리하고 있다.

비록 진(辰)은 없지만 신(申)과 자(子)가 합을 해서 수(水)로 변화한다.

일지는 일간과 가장 밀접한 관계에 있으므로 일지가 지지에 있는 다른 글자와 합을 하면 그 글자나 나타내는 오행과 십성의 기질 및 성격적 특성을 품는다. 따라서 이 명조의 주인공은 정인뿐만 아니라 편관의 성격적 특성을 지니고 있다.

또 신자(申子) 반합을 한 수(水)가 인성에 해당하므로 강한 인성의 성격적 특성도 보이고 있다.

지지방합(地支方合)

지지방합은 계절과 방위를 나타내는 세 글자가 모여 하나의 오행세력을 형성하는 것을 말한다.

해 (亥)	자 (子)	축 (丑)	인 (寅)	묘 (卯)	진 (辰)	사 (巳)	오 (午)	미 (未)	신 (申)	유 (酉)	술 (戌)
수(水)			목(木)			화(火)			금(金)		
겨울			봄			여름			가을		
북			동			남			서		

지지	합한 오행
해(亥)	
자(子)	수(水)
축(丑)	

지지	합한 오행
인(寅)	
묘(卯)	목(木)
진(辰)	

지지	합한 오행
사(巳)	
오(午)	화(火)
미(未)	

지지	합한 오행
신(申)	
유(酉)	금(金)
술(戌)	

〈표-43〉 지지방합

	시	일	월	년 (남자)
	정인	일간	정관	정인
	己	庚	丁	己
	卯	子	丑	亥
	정재	상관	정인	식신

〈표-44〉 지지방합 명조

이 명조는 년지에 해(亥), 월지에 축(丑), 일지에 자(子)가 자리하고 있다. 해자축(亥子丑)이 합을 해서 수(水)가 되어 큰물의 세력을 형성한다.

이 명조는 일지에 상관이 있고, 방합을 한 수(水)가 식상에 해당하기 때문에 식상의 기운이 아주 강해진다.

지지충(地支冲)

지지에서 상반되는 오행의 두 글자가 부딪히는 것을 말한다.

자(子) ↔ 오(午)	묘(卯) ↔ 유(酉)
인(寅) ↔ 신(申)	사(巳) ↔ 해(亥)
진(辰) ↔ 술(戌)	축(丑) ↔ 미(未)

〈표-45〉 지지충

자(子) 오(午) 충
음수(陰水)와 음화(陰火)의 부딪힘이다.

묘(卯) 유(酉) 충
음목(陰木)과 음금(陰金)의 부딪힘이다

인(寅) 신(申) 충
양목(陽木)과 양금(陽金)의 부딪힘이다

사(巳) 해(亥) 충

양화(陽火)와 양수(陽水)의 부딪힘이다.

진(辰) 술(戌) 충

양토(陽土)와 양토(陽土)의 부딪힘이다.

축(丑) 미(未) 충

음토(陰土)와 음토(陰土)의 부딪힘이다.

시	일	월	년 (여자)
비견	일간	편인	정인
丙	丙	甲	乙
申	寅	申	未
편재	편인	편재	상관

〈표-46〉 지지충 명조

이 명조에서는 일지에 있는 인(寅)이 월지와 시지에 자리하고 있는 신(申)과 부딪혀 인신(寅申) 충을 하고 있다. 인신 충은 양목(陽木)과 양금(陽金)의 부딪힘으로 외형상으로는 목(木)에 무리가 가는 것처럼 보인다.

하지만 지지가 충을 하면 지지 글자들이 품고 있는 천간 글자들이 서로 부딪히기 때문에 충을 받는 글자의 오행에 해당하는 인체기관에 무리가 간다.

인(寅)과 신(申)이 부딪히는데 왜 인(寅)이 품고 있는 천간 글자와 신(申)이 품고 있는 천간 글자가 부딪힌다고 말하는지 의아할 것이다.

모든 지지 글자들은 천간 글자를 품고 있는데 지지에 숨겨져 있는 천간 글자를 지지장간(地支藏干)이라고 한다. 즉 지지에 천간의 글자가 감추어져 있다는 것이다. 지지장간은 지지암장(地支暗藏)이라고도 하는데, 줄여서 지장간(支藏干)이라고 부른다.

지지 글자가 충을 하면 지장간의 글자들끼리 부딪히게 된다.

인(寅)의 지장간을 차례대로 적으면 갑(甲)·무(戊)·병(丙)이고, 신(申)의 지장간은 경(庚)·무(戊)·임(壬)이다.

이때 같은 라인(Line)에 있는 글자들끼리 부딪힌다.

1라인 갑(甲)은 경(庚), 2라인 무(戊)는 무(戊), 3라인 병(丙)은 임(壬)과 부딪힌다.

따라서 갑(甲) 즉 목(木)에 해당하는 인체기관과 병(丙) 즉 화(火)에 해당하는 인체기관에 무리가 간다.

이 명조의 주인공은 혈관질환으로 치료를 받고 있고, 가슴에 석회가 있어서 정기검진을 통해 관리하고 있다.

충을 통해 건강뿐만 아니라 지장간 글자가 나타내는 10가지 유형의 인간관계와 사회관계의 작용으로 인한 문제점도 예측할 수 있다.

Chapter 8

그 자리에
가 보아야만
알 수 있는
심리

인생, 별거 없어

지구라는 낯선 별에 처음으로 발을 들여놓을 때 우리는 각자 자기만의 인생 이야기가 담긴 종이봉투를 가지고 오는 듯하다.

언제 어디서 어떤 집안에 태어나고, 어떤 부모님을 만나 어떻게 성장하고, 어떤 사람과 어떤 인연을 맺고, 어떤 일을 하고, 어떤 병마와 힘겨루기를 하고, 어떻게 살다가, 어느 때 어디에서 그 이야기의 끝을 마무리 지으라는.

큰 종이봉투에는 일 년이라는 수많은 묶음 봉투들이 색깔별로 일련의 번호와 함께 들어있고, 작은 봉투에는 매달, 매일의 사연이 적혀있는 쪽지들이 있다.

그 쪽지에 적힌 사연들을 온전히 견뎌내고 살아내다 보면 이런 생각에 다다르게 된다.

"인생, 별거 없어."

별거 없는 인생이 왜 이렇게 별거 있는 것처럼 느껴지고, 그것 때문에 울고 웃고, 이토록 힘들어하는 것일까?

쪽지에 담긴 사연들은 사람마다 다르지만, 봉투 색과 일련의 번호는 같다.

봉투 색은 인생 여정 단계마다 작용하는 인간의 보편적 심리작용을 나타내고, 일련의 번호는 나이를 나타낸다.

그 색들이 나타내는 심리작용은 이러한 물음에 대한 답을 내어줄 것이다.

어린아이는 왜 천방지축으로 겁내는 마음이 없을까?

청소년들은 사춘기가 되면 왜 질풍노도의 시기를 맞이하고, 부모님이나 어른들이

하는 말에 반발하는 것일까?

　나이가 들수록 꼰대가 되는 이유는 무엇일까?

　젊을 때는 받아들일 수 없었던 일들이 연륜이 쌓이면서 받아들여지는 이유는 무엇일까?

인생 여정 단계별 심리유형

인생이라는 것은 계단을 오르는 것과 같아서

너무 급하게 뛰어오르거나

한꺼번에

몇 계단을 건너뛰면

쉽사리 주저앉게 된다.

한 계단 한 계단

자신에게 맞는 속도로 올라갔을 때

세상을 향한 마지막 문손잡이를 잡을 수 있다.

유아기

본능적 에너지에 따라 충동적으로 행동하고 반응하는 시기로 모험형의 특성을 보인다.

옳고 그름에 대한 분별이 없고, 하고 싶은 것이 있으면 바로 해야 하며, 가지고 싶은 것이 있으면 바로 가져야 한다. 만약 자기 뜻대로 되지 않으면 떼를 쓰거나 공격성을 드러내기도 하는데 감정표현을 적절하게 조절하기 어렵다.

계절에 맞지 않는 패션을 고집하거나 하나에 꽂히면 다른 것은 거들떠보지 않고 오직 그것만 고수한다든가 모든 것이 자기중심적이다. 또 호기심이 가득하고 어디로 튈지 모르는 공과 같이 거칠고 예측 불가능한 행동을 하기도 한다.

이 시기는 예의와 규칙이 자연스럽게 몸에 배어들게끔 아이들의 눈높이에 맞춰 차근차근 설명해나가는 세심한 지도가 필요하다.

떼를 쓴다고 응석을 다 받아주거나, 부모나 다른 아이에 대한 폭력적인 행동을 그대로 놔두게 되면 아이는 그런 행동을 당연한 것으로 받아들이고 타인의 고통에 점점 둔감해진다.

아무리 현대사회가 관계를 중시하는 집단주의 성향에서 개인의 독립성과 자율성을 중시하는 개인주의 성향으로 변화되고 있다 하더라도 이기적인 욕심과 잘못된 점은 고쳐나가야 한다는 것을 가르쳐야 하고 배워야 한다.

특히 반사회적 성향, 교만형, 독재적인 성향이 강한 아이가 이 시기에 예의와 규범, 규칙을 제대로 익히지 않으면 통제 불가능한 폭군의 성향을 품고 있는 어른으로 성장하게 된다.

아동기

양육자와 사회적 교육기관의 교육을 통해 차츰 사회성을 배우게 되는 시기로 본능적 욕구를 조금씩 조절할 줄 알게 된다.

옳고 그름에 대한 분별이 조금씩 생겨나고, 하고 싶은 것에 대한 참을성을 학습하게 된다. 그래서 자신이 원하는 것을 얻으려 하거나 원하는 것을 얻지 못했을 때도 유아기보다 다소 부드러워진 감정표현과 행동을 보인다.

학습과 모방을 통해 예절과 사회적 규칙 안에서 자기 욕구를 충족시키는 법을 배우면서 유아기에 보이던 공격성과 충동성을 차츰 절제하게 된다.

이 시기는 모든 일을 자기 스스로 하려는 자립성이 강해지는 시기로 강한 자주성의 특성을 보인다.

스스로 옷을 입으려 하고, 레고를 자기 생각대로 맞추어보기도 하는 등 자신이 생각한 대로 행동하고 문제를 해결하려고 한다.

발달이 느리거나 신경이 예민한 아동은 실수를 하거나 일의 완성속도가 느려도 기다려주는 마음의 여유가 필요하다.

또 아동이 잘한 일에 대해서는 타당한 칭찬을 해 줌으로써 스스로 할 수 있다는 자신감과 자기 존중감을 길러주어야 한다.

또래 친구들과의 학습과 놀이를 통해 유대감을 형성하게 되고, 그들에게 인정받고 있다는 느낌을 받게 됨으로써 긍정적인 자기 개념이 형성된다. 이때 공격성이 높고 충동성을 조절하지 못하는 아동은 또래 집안에 적응하지 못하고 반사회적인 성향을 보이기도 한다.

청소년기

예민하고 섬세하며 자신이 돋보이고 싶은 욕망이 강하게 일어나는 시기로 사회적 민감형의 특성을 보인다.

새로운 지식과 문화에 대한 호기심이 강하고 쉽게 동화되며, 겉으로 보이는 모습을 중요하게 생각해서 외모에 신경을 많이 쓴다. 화장을 한다든가 교복을 규정에 맞지 않도록 수선해서 입는 등 돋보이고 싶은 심리를 표출한다.

기분 변화폭이 커서 수시로 화냈다 풀리기를 반복하고, 타인의 칭찬과 인정에 아주 민감하게 반응한다. 올바른 가치판단 기준과 규범의식이 아직 완전하지 않아서 의사결정 능력이 미흡하지만, 타인이 자기 의사결정에 영향을 미치는 것을 싫어한다.

이들은 부모와 어른에 대한 반발심이 강하기 때문에 똑같은 말이라도 부모나 어른이 하면 잔소리가 되고, 한 살이라도 나이가 많은 선배나 친구가 하면 좋은 솔루션으로 받아들인다.

특히 한국의 청소년들은 치열한 경쟁과 물질문명의 발달 속도를 따라가지 못하는 철학 부재로 인하여 정신적 혼란을 겪으며 소위 '중2병'이라고 불리는 심리적 특성을 보인다.

이때 반사회적 성향과 독재적인 성향이 강한 청소년들은 그들의 폭력성을 잠재울 프로그램에 자연스럽게 참여시키고, 운동이나 신체 활동을 통해 스트레스를 건전한 방향으로 해소하도록 이끌어야 한다.

이러한 성향은 십 대 후반에 들어서면서 다소 약해지지만, 여전히 자기주장이 강하고, 강한 스트레스로 인해 언제 터질지 모르는 시한폭탄을 끌어안고 있다.

청년기

대인관계가 확대되는 시기로 자신을 비롯해 사회적 관계를 이루고 있는 사람들의 성격과 외모에 관심이 많고 고민하는 시기이다. 청년기 초반에 접어들면 사회적 민감형과 세심한 배려형의 특성을 보인다.

여전히 타인으로부터의 인정을 중요시하고 내면적 충실보다는 외형적인 면에 관심을 기울여서 인스타그램이나 여러 정보 매체를 통해 자신의 일상을 알리고, 이에 대한 사람들의 관심에 민감하게 반응하지만, 청소년기의 변덕스럽고 비순응적인 특성은 차츰 사라지게 된다.

자유롭게 다니는 것을 좋아하고, 독특한 감각과 섬세한 감정을 지니고 있어서 각종 문화생활과 영화산업을 이끄는 주역으로 성장한다.

권위와 숨 막히는 규범, 규칙에 대한 반항심이 강해지고, 사회적 불공정과 부조리를 척결하여 공명정대함을 이루어야 한다고 목소리를 높이기도 한다.

타인의 슬픔을 읽을 수 있는 능력이 발달하고 어려운 상황에 처한 사람이나 사회적 약자를 도와주려는 마음을 지니게 된다. 한국에서 새로운 유행인 '돈쭐내기' 운동의 선두주자가 되는 층이기도 하다.

돈쭐내기란, 사회적 약자나 어려운 사람을 배려하고 도와주는 자영업자를 찾아내 자신의 필요 여부와 상관없이 그곳에 주문해 수익을 올리도록 하는 국민들의 자발적 운동으로, 각박하고 살기 힘든 사회에 온정을 베푸는 마음에 보답하고 그 마음이 도미노처럼 물결을 이루어 사회 곳곳에서 일어나기를 바라는 마음을 담아 '돈으로 혼쭐을 내자'는 역설적인 표현이다.

이들은 다른 연령대 사람들보다 새로운 계발이나 혁신적인 아이디어를 제시하고,

자신의 목표와 이익을 위해 노력하며, 이에 대한 성과를 타인으로부터 인정받기를 원한다. 때로는 자기과시를 좋아하고 젊은 패기로 인해 약간의 허풍을 부리기도 한다.

또 소유욕을 비롯해 육체적 감각을 만족시키려는 마음이 점점 강해진다.

청년기 중반 무렵부터는 부와 성공을 목표로 부지런히 노력하면서 돈과 현실적 욕망을 중요시하는 자기 주도형과 실리추구형의 심리적 특성을 보인다.

자신의 분야에 정진하고, 부모의 그늘에서 벗어나 스스로 목표를 세우고 일과 상황을 직접 관리하고 통제하기를 원한다. 목표달성을 위해 부지런하고 성실하게 노력하고, 점차 일을 처리하는 수행능력이 향상되면서 자신의 인생 계획에 따라 움직인다.

장년기

장기간 사회구성원으로서, 한 가정의 구성원으로서, 또 부모로서의 책임과 역할에 충실한 시기로 권위주의형과 공정한 유형의 특성을 보인다.

사회생활에 적극적으로 참여하면서도 점차 보수적인 사고와 판단을 하게 되는데, 지금까지 터부시하던 선조들의 가르침이나 인생 경험을 귀담아듣게 되고 타인에 대한 이해력이 증강되며, 사회 어른으로서의 역할에 대해 생각하게 된다.

그래서 간섭과 잔소리가 많아지게 되어 연배가 낮은 세대와 갈등과 불화를 겪게 되는데, 소위 꼰대의 대명사인 '라떼는 말야'라는 신조어의 주인공이 되는 시기이다.

사고와 행동이 보수적으로 변하고 관습과 법규 및 예절을 준수하며 사회공론을 중요하게 생각한다. 책임감이 강해지고 자신을 반성할 줄 알며, 스스로를 낮추게 되고 마음속에 늘 자신의 위치와 미래에 대한 근심과 걱정을 담아두게 된다.

하늘의 명을 깨닫는다는 지천명(知天命)의 나이가 넘어서면 권위적이고 독단적이며 타인의 의견을 받아들이지 않게 되고, 자신만의 인생 철학이 성립되어 자기 틀에 갇히기도 한다.

지금까지 살아온 인생 경험을 바탕으로 의지력이 강해지고, 어떤 어려운 일에도 굴하지 않게 되며 의연하게 헤쳐나간다. 산전수전 다 겪다 보니 웬만한 일에는 눈도 깜짝하지 않게 되는 배짱도 생긴다.

인내심이 강해지고 자신이 속한 단체에 적극적으로 참여하면서 활동하려고 한다.

노년기

60대 중반까지는 현직에서 물러나고 지금까지 사회에서 누렸던 사회적 특권이 사라짐으로 인해 자괴감과 자아 정체성의 혼란이 오는 시기로 자기 몰입형의 특성을 보인다.

가족과 직무에 대한 책임감에서 벗어났다는 일시적인 해방감을 느끼지만, 삶과 사람에 대한 허무감이 서서히 지배하게 된다.

'나는 누구인가', '지금까지 내가 해놓은 것은 무엇인가' 등 삶의 궁극적인 물음을 던지게 되고, 마음의 갈피를 잡지 못해 방황하고 무기력감에 빠지기도 한다.

젊은 시절의 습관이 남아 있어서 자신만의 생활루틴(Routine)을 만들려고 노력하기도 한다. 현재 상황에 만족하다가도 불만스러운 감정이 엄습해오고, 문제 상황에 대하여 단순하게 생각하면서도 이런저런 면을 복잡하게 생각하는 등 사고와 행동에 양면성을 보인다.

이때는 '제2의 라떼'시기로 사주 구성에 따라 다르지만 자신이 과거에 가졌던 직위를 내세우며 타인으로부터 인정받으려고 하는 마음이 강하게 남아 있는데, 폐위된 황제와 같은 마음이 늘 잠재해 있다.

이러한 시기를 지나면 서서히 자신을 지배했던 모든 욕심을 내려놓으면서 현실에 순응하고 마음이 편안해지는 자기 성찰형에 접어든다.

이따금 삶에 대한 공허감이 밀려오지만, 현재 생활에 만족할 줄 알고 타인에게 베푸는 마음을 가지게 되며 봉사단체나 종교 단체, 그리고 타인을 돕는 행사 등에 참여하기도 한다.

남은 시간이 지나온 시간보다 짧다는 것을 인지하고, 자신을 위한 삶을 선택하고 집중한다. 때로는 죽음과 가까이 있음을 느끼고 절망하기도 하지만, 살아있음에 감사하고 삶을 여유롭게 바라볼 줄 아는 혜안이 생긴다.

하지만 외부와 교류가 거의 없는 사람은 염세적 성향이 나타나기도 하는데, 행동 반경이 좁고 타인과의 교류가 적은 사람일수록 자기만의 세계에 쉽게 빠져든다.

또 고집이 세지고 자기 폐쇄적이거나 아예 모든 것을 가족들에게 의존하는 특성을 보이기도 한다.

대운에 따른 심리변화

인생이라는 화선지 위에
세월이라는 먹물로 그림을 입히다 보면
후루룩 말아서 어여 가져가시라
내밀고 싶은 때가 있다.
그러한 시기를 몇 번 지나고 나면
우리는 하나의 진리를 깨닫게 된다.

'세상에 영원한 것은 없다.'

세상에 영원한 것은 없다

지극히 평범하고 익히 알고 있는 문구이지만, 이 말이 가슴에 와닿기까지 우리는 많은 시행착오를 거치고 오랜 길을 돌아온다.

세상에 변하지 않는 것은 없었다.

여명을 깨고 올라온 태양이 한나절이라는 그림을 그리고 노을을 남기며 스러져가면 어둑어둑한 어둠이 다시 땅 아래를 기어오르는 것처럼 세상의 모든 것은 변했고, 변하고 있고, 또 변할 것이다.

변하지 않는 것은 세상에 변하지 않는 것은 없다는 것이다.

사람의 성격도 세월과 함께 변한다.

젊을 때 싫어하던 음식이 어느 날 입맛에 맞고, 싫어하던 색상의 옷이 눈에 들어오고, 안 하던 행동을 하게 된다.

우리 마음이 이렇게 변하는 것은 대운에서 들어오는 심리작용이 영향을 미치기 때문이다.

대운의 천간과 지지 글자는 심리를 나타낸다.

그 글자가 나타내는 10가지 유형에 따라 마음이 움직이고 그에 따른 행동이 이어지는 것이다.

살면서 한두 번은 전혀 이해되지 않는 행동을 하는 사람들을 보았을 것이다.

한평생 투자를 하지 않던 사람이 주식이나 무리한 투자를 해서 재산 손실을 보는가 하면, 가족들에게는 자린고비 같던 사람이 엉뚱한 사람에게 돈을 빌려주거나 보증을 서줘서 낭패를 보는 경우가 있다. 조용하던 사람이 어느 날부터 자기 목소리를 내는가 하면, 공부와 담쌓았던 사람이 책을 손에 잡게 된다.

이러한 일들은 결국 그들의 마음이 그런 선택을 하도록 움직였기 때문이다.

시	일	월	년 (남자)
겁재	일간	정인	겁재
丁	丙	乙	丁
酉	戌	巳	未
정재	식신	비견	상관

85	75	65	55	45	35	25	15	5
丙	丁	戊	己	庚	辛	壬	癸	甲
비견	겁재	식신	상관	편재	정재	편관	정관	편인
申	酉	戌	亥	子	丑	寅	卯	辰
편재	정재	식신	편관	정관	상관	편인	정인	식신

〈표-47〉 대운에 따른 심리변화 명조

이 명조의 주인공은 일간이 병(丙)이라서 편관의 성향이 강하다. 활동적이고 적극적이며 추진력이 강하다. 사람들을 이끄는 리더십이 있고, 더불어 잘 살자는 생각이 강하다.

월간에 정인이 있고 일지에 식신이 있어서 외형적으로 욕심이 없고 동정심이 많으며 세심하게 챙겨주는 따뜻한 마음을 지닌 사람으로 보인다.

하지만 일간에 병(丙), 년간과 시간에 정(丁), 월지에 사(巳)가 있어 화(火)의 기운이 강하다. 화(火)는 비견과 겁재에 해당하기 때문에 성격이 아주 급하고, 마음먹은 일은 바로 해야 하고, 매사가 자기중심적으로 흘러야 직성이 풀린다.

55세부터 59세까지 대운에서는 상관의 마음이 작용한다.

상관은 타인에게 내 능력을 과시하고 싶은 마음이다.

57세에 부모로부터 유산을 물려받았지만, 과시욕이 발동해서 돈을 흥청망청 쓰고 있다. 또 새로운 인간관계를 형성하고 그들로부터 멋진 사람이라는 소리를 듣기 위해 허풍과 함께 자기치장에 신경을 많이 쓰고 있다.

이처럼 대운에서 들어오는 글자 유형에 따라 심리변화가 일어난다. 물론 다른 글자와의 관계를 함께 고려해야 하지만 일반적으로 다음과 같은 성향이 나타나게 되는 것이다.

아동기와 청소년기

자립형(비견)이 들어올 때

자기주장이 강해지고 자기 일은 스스로 처리하려고 한다.

친구들과 무리를 이루고 그 속에서 안정감을 얻고자 하는데, 이때 왕따를 당하면 무리 속에서 얻을 수 있는 존재감과 연대감이 결핍되어 심한 트라우마를 겪게 된다.

부모의 간섭을 싫어하고 똑같은 의견이라도 친구나 선배의 말을 하늘같이 떠받든다.

모험형(겁재)이 들어올 때

자기 욕구에 반하는 일에는 예의 없이 저돌적으로 반응하고 누구의 말도 듣지 않는 고집불통이 된다.

자신이 원하는 것을 얻지 못하면 시간·장소를 불문하고 떼를 쓰고 원하는 것을 얻을 때까지 막무가내로 행동한다.

또래 집단에서 우두머리 역할을 하려 하고, 자기중심적인 면이 지나치게 강해져서 교우들과 마찰이 많아지고 관계가 원만하지 못하게 된다.

반사회성이나 독재적인 성향이 강한 아이에게 이러한 성향이 들어오면, 참을성이 더 부족해지고 난폭한 마음이 강하게 일어나서 학교 폭력으로 이어지기도 한다. 말 끝마다 욕을 내뱉고 화를 삭이지 못해 어쩔 줄 모르며, 자기보다 약한 상대를 화풀이

대상으로 삼아 괴롭히기도 한다. 양육자의 제재가 시작되면 더욱더 거칠세 반항하고, 심한 경우 자기 성질을 못 이겨 기절하기도 한다.

세심한 배려형(식신)이 들어올 때

성격이 온화해지고 안정적인 심리상태를 보인다.

주변 환경이 잘 갖추어지면 학업과 자신이 해야 할 일에 깊이 몰두하고, 자신이 성취한 결과물을 통해 보람을 느낀다.

친구들과 협동하고 배려하는 마음이 일어나서 교우관계가 원만하고, 양육자와 사이도 좋다. 애완동물에 대한 관심이 생기고 자기보다 어리거나 약한 존재를 보면 도와주려고 한다.

사회적 민감형(상관)이 들어올 때

새로운 물건이나 게임 등이 나오면 반드시 사려 하고, 집중력과 인내심이 약해져서 한 곳에 진중하게 앉아있지 못한다.

시기 · 질투심이 강해져서 친구들과 비교하게 되고, 또래 친구들보다 자신이 잘났다고 생각해서 우쭐거리고 다른 친구들을 얕보기도 한다. 친구들 앞에 나서려 하고, 자기 말은 무조건 옳다고 우기고 거짓말을 하기도 한다.

아동들은 겨울에 여름옷과 신발, 여름에 겨울 털모자나 방한 부츠를 신는 등 계절에 상관없이 자기만의 독특한 패션을 고집해서 양육자를 당황스럽게 만들기도 한다.

새로운 학습이나 환경에 빨리 적응하고 독창적인 사고를 한다.

감정 변화폭이 커지고 사소한 일에도 민감하게 반응하며 친구나 선생님의 거절이나 비판에 상처를 잘 받기도 한다.

자기 주도형(편재)이 들어올 때

아동들은 장난감이나 기기를 조립하거나 손으로 조작하는 것을 좋아한다. 외부활동이나 운동을 좋아하고 친구들과 어울리는 일이 많아진다. 또 게임에 몰두하기도 한다.

자신이 목표한 일이나 갖고 싶은 것이 있으면 아동은 심부름을, 청소년은 아르바이트를 통해 돈을 모으기도 한다.

계산능력과 공간지각 능력이 향상되어 관련 학습과 활동에 발전을 보이고, 매사에 자기가 주도하려고 한다.

실리추구형(정재)이 들어올 때

친구들과 어울리면서 먹고 싶은 것을 먹고, 갖고 싶은 것을 사는 것에 관심이 많아지지만 경제관념이 확실하다.

절약 정신이 강해져서 돈을 쓰지 않고 모아놓기도 한다.

주변 인물이나 상황에 대한 눈치가 빠르고 자기에게 이익이 되지 않는 일은 하지 않는다.

권위주의형(편관)이 들어올 때

맡은 일에 최선을 다하고 책임감이 강해진다.

자신이 맡은 일에 의지가 굳고 절제력이 있어서 '애어른' 같은 면모를 보인다. 또래 친구들을 이끌어가고자 하는 마음이 생겨 또래를 통솔하는 직분을 맡으려고 한다.

정의감이 강해져서 어렵고 힘든 상황에 놓인 친구를 보면 도와주려고 한다.

공정한 유형(정관)이 들어올 때

어른들 말씀에 잘 따르고 순종적이다.

부모와 학교로부터 배운 일상적인 규칙과 규범을 잘 지키고 학업에 충실하며 모범 적인 성향을 보인다.

이성적이고 논리적인 사고능력이 향상되고, 믿고 맡겨두면 자신이 맡은 일을 책임 있게 완수하려고 한다. 자신이 한 일에 대해 반성하고 기록을 남기기도 한다. 하지만 신경이 예민해지고 자신이 잘 할 수 있을지에 대한 불안감이 늘 잠재해 있다.

자기 몰입형(편인)이 들어올 때

친구들과 어울리기보다는 혼자 있는 것을 좋아하기 때문에 교우관계가 넓지 않다. 자신에 대해 표현하는 것을 좋아하지 않고 다른 친구들의 일에도 관심이 없다. 학교 나 학원에서 부당한 일을 당해도 웬만하면 그냥 참고 넘어간다.

학교 정규과목보다는 다른 분야에 흥미를 느끼고 몰두한다. 경쟁심리보다는 자신의 역량에서 최선을 다하고 그 결과에 만족해하는 마음이 강하게 일어난다.

자아 성찰형(정인)이 들어올 때

내성적이고 온순하며 어른들에게 예의가 바르다.

떼를 쓰거나 고집을 피우지 않고 순둥순둥한 모습을 보인다. 주변 환경에 상관없이 학업이나 맡은 바에 최선을 다한다.

새로운 학습이나 경험에 대한 선호도와 적응력이 떨어지고 익숙한 친구와 환경에 안정감을 느끼기 때문에 교우관계 폭이 좁아진다.

청장년기

자립형(비견)이 들어올 때

삶이나 일에 대한 목표가 분명해지고 책임감이 강해진다.

모든 일을 스스로 판단하고 소신 있게 행동하며, 독립적으로 일을 추진해 나가려는 성향이 강해진다.

각종 모임이나 단체에 참여하면서 사람들과 만남이 많아지고, 주변 사람을 챙기려는 마음이 강해진다.

모험형(겁재)이 들어올 때

즉흥적이고 하고 싶은 일이 있으면 바로바로 행동으로 옮기며, 남의 눈치를 보지 않고 거리낌 없이 행동한다.

어려운 상황에 부딪혀도 두려움 없이 대담하게 일을 해결해 나가지만, 사소한 일에도 흥분을 잘하고 자기 마음에 들지 않으면 상대방에게 적대감과 분노를 그대로 표출한다.

경쟁심리가 강해져서 쓸데없는 자존심 싸움에 시간을 허비하기도 한다.

원래 모험적인 성향이 강한 사람이 다시 이 성향의 운을 맞이하면, 거침없이 행동하고 무모한 도전을 통해 자신의 힘을 과시하고자 한다.

또 타인의 고통에 무덤덤하고 자신의 이익과 쾌락을 위해서는 타인의 희생도 마다하지 않는다. 언어표현이 거칠고 직설적이며 험한 말을 서슴지 않고, 불쾌한 일은 반드시 앙갚음하려고 한다.

세심한 배려형(식신)이 들어올 때

상황이나 일의 긍정적인 면을 먼저 보게 되고 마음의 여유가 생긴다. 타인의 정서를 잘 파악하게 되고 상대방을 잘 챙겨주려는 마음이 일어난다.

타인의 입장을 배려하게 되고, 어렵고 힘든 사람을 돕고자 하는 마음이 일어난다. 자기 분야의 일이나 관심 있던 일에 시간 가는 줄 모르고 몰두하기도 한다.

사회적 민감형(상관)이 들어올 때

감수성이 풍부해지고 신경이 예민해져서 사소한 일에도 화를 낸다. 분위기나 상황에 따라 감정 기복이 심하고, 스트레스를 잘 받는다.

한 곳에 얽매이는 것을 싫어하고 자유롭게 다니는 것을 좋아하게 된다. 변화에 대한 마음이 강하게 일어나서 직장을 옮기기도 한다.

타인이 생각하지 못한 것을 생각해 내고 사고에 융통성이 있게 된다.

자기 논리가 분명해지고 자기 목소리를 내는 일이 많아진다.

타인의 시선에 대한 부담감이 늘어나고 소문에 민감하게 반응한다. 새로운 물건과 사람을 좋아하게 되어 기존에 인연을 맺고 있던 좋은 사람들과의 인연을 놓치기도 한다.

자기 주도형(편재)이 들어올 때

　모든 일을 자기 눈으로 직접 확인하고 처리하고자 하는 마음이 강하게 일어난다. 돈에 대한 마음이 강해져서 재산 증식이나 투자에 관심이 생기고 실질적으로 투자에 나서기도 한다.

　사람들과 만남이 많아지고 그들과 여러 가지 일들을 벌이기도 한다. 모임에서 유머와 위트를 통해 분위기 메이커 역할을 하기 때문에 사람들에게 인기가 많아진다.

실리추구형(정재)이 들어올 때

　지극히 현실적이고 실리를 추구하게 된다.

　돈에 대한 욕심이 강해져서 인색한 면을 지니는데, 선천적으로 실리추구형이거나 물질주의적인 성향이 강한 사람은 짠돌이가 된다.

　아무리 친분이 있어도 자기에게 이익이 되지 않는 일은 하지 않으려고 한다.

　행복의 기준을 돈으로 생각하기 때문에 당장 눈앞에 이익이 되는 일이 아니면 하려고 하지 않는다.

　입이 즐겁고 눈이 즐거운 일을 찾아 나서기도 하고, 하고 싶은 것은 반드시 해야 직성이 풀린다.

권위주의형(편관)이 들어올 때

이성적이고 논리적으로 판단하고 행동하게 된다.

사회에 공헌하고 싶은 마음이 생겨서 봉사단체나 관련 행사에 참여하고자 한다.

다소 권위적으로 보이고 다수를 이끌어가고자 하는 마음이 강해서 감투를 쓰는 일에 나서게 된다. 일단 일을 맡으면 헌신하고 공정하게 이끌어가고자 한다.

선천적으로 권위주의형이나 독불장군형의 사람은 '라떼'의 끝판왕을 보여주기도 한다.

공정한 유형(정관)이 들어올 때

규범과 규율을 중요시하게 되고 맡은 일에 대한 책임감이 강해진다. 공신력이 있는 기관이나 웃어른의 말에 순종적으로 잘 따르지만 일 처리에 있어서 융통성이 떨어진다.

사회봉사 단체 등 다수를 위한 일이나 조직에 동참하게 된다. 모든 일을 완벽하게 준비하여 체계적으로 처리하려고 하다 보니 스트레스 지수가 높아진다.

책임감에 따른 걱정과 고민이 많아져서 신경성 질환이나 불면증을 겪기도 한다.

원래 공정한 유형의 사람이 이러한 성향의 대운이나 년운을 맞이하면, 지나치게 원리원칙을 내세워서 타인과의 갈등 상황을 초래하기도 한다. 때로는 상식을 벗어나는 일도 자기가 맞다고 생각하면 원리원칙이라는 이유로 밀고 나간다.

자기 몰입형(편인)이 들어올 때

타인의 감정이나 사회적 신호에 둔감해지고 자기 세계에 갇히게 된다. 다른 사람으로부터 간섭받는 것도 다른 사람을 간섭하는 것도 싫어진다.

타인과 거리를 두려 하고 혼자 일을 처리하는 것에 만족한다. 타인의 눈에는 외로워 보이지만 혼자서도 잘 지내고 외로운 감정을 잘 느끼지 못한다.

매사에 조심하고 수동적으로 행동하며 상대방을 의심하는 마음이 일어난다.

자기 성찰형(정인)이 들어올 때

사소한 것도 소홀히 하지 않고 잘 챙기고 마음이 너그러워진다.

물질적인 것에 대한 집착이 사라지고 욕심의 덧없음을 느끼게 된다.

수동적으로 행동하고 자신의 현재 상황에 만족해한다.

종교나 철학에 관심을 보이고, 삶의 궁극적인 물음에 대한 해답을 찾고자 동양학이나 철학을 공부하려 하고, 성당이나 교회, 절을 찾아 마음의 평온을 얻으려고 한다.

활동 범위가 좁혀지고 혼자만의 시간을 가지며, 수도승 같은 마음 씀씀이를 보이기도 한다.

새로운 변화를 싫어하고 옛것에 관심을 보이며 보수적인 성향이 강해진다.

| 표 차례 |

┃참고문헌┃

• 『周易』.

• 『大學』.

• 『孟子』.

• 권석만, 『인간 이해를 위한 성격심리학』, 학지사, 2017.

• 권석만 외, 『심리학의 이해』, 제5판, 학지사, 2019.

• 류시성, 손영달, 『사주명리 한자교실. 갑자서당』, 북드라망, 2020.

• 문광수 외, 『산업 및 조직 심리학』 제5판, 시그마프레스, 2022.

• 민경환, 김명선, 김영진, 『심리학 입문』 제3판, 시그마프레스, 2019.

• 반자단, 나명기 역, 『완역 명학신의』, Dream&Vision, 2013.

• 박영숙, 박기환, 『현대 심리평가의 이해와 활용』, 학지사, 2019.

• 水繞花堤館主, 『命學新義』, 臺北, 宏業書局, 1985.

• 沈孝瞻 原著, 徐樂吾 評註, 『子平眞詮評註』, 進源書局, 2012.

• 이부영, 『분석심리학』, 3판, 일조각, 2011.

• 이죽내, 『융심리학과 동양사상』, 하나의학사, 2005.

• 任鐵樵 增注·袁樹珊 撰輯, 『滴天髓闡微』, 武陵出版有限公司, 2006.

• 진소암 원저, 이용준 편역, 『命理約言』, 청학출판사, 2007.

• 진춘익, 조성희 역, 『팔자명리신해』, 낭월명리학당, 2007.

• 캘빈 S.홀, 버논 J. 노드비 저, 김형섭 역, 『융심리학입문』, 문예출판, 2004.

• 폴M. 뮤친스키, 칼버트슨 저, 유태용 역, 『산업 및 조직 심리학』 제11판, 시그마프
        레스, 2021.

- 何建忠, 『八字心理推命學』, 希代書板有限公司, 1981.
- 何建忠, 『千古八字秘決總解』, 中州古籍出版社, 1999.
- 한동석, 『우주변화의 원리』, 대원출판, 1966.
- 손예진, 「하건충 이론을 활용한 명리학의 심리분석적 연구」, 공주대학교대학원 석사학위논문, 2021.
- 정국용, 「性格特性의 豫測을 위한 四柱命理學에 관한 研究」, 동의대학교대학원 박사학위논문, 2004.
- 최왕규, 「명리학의 심리학적 위상에 관한 연구:프로이트·융·아들러의 심리학을 중심으로」, 공주대학교대학원 박사학위논문, 2014.

"터미네이터"는 1984년에 상영된 미국의 공상과학 영화다.

미래 세계에서 인공지능 컴퓨터에 의해 작동되는 기계와 인간의 전쟁이 벌어졌고, 인간 지도자의 근원을 없애기 위해 현재 세계에 로봇을 보낸다.

이 영화 1편에서 아놀드 슈왈제네거가 연기하는 로봇은 주인공들을 없애는 것이 목적이지만, 2편에서는 주인공들이 생존할 수 있도록 도와주는 것이 목적이다. 똑같은 로봇인데 어떻게 1편과 2편에서의 행동이 다르게 나타나는 것일까?

그 해답은 칩에 있다.

그들에게 심어진 칩이 그들의 행동과 임무를 결정짓기 때문이다.

칩은 태어날 때부터 지구상의 모든 생명체에 심어져 있다.

명리학은 우리에게 주어진 운명이라는 칩을 분석하는 학문이다.

이 칩에 프로그램화된 것을 인식하면 우리 삶은 운명대로 흘러가지 않을 수 있다.

저자는 명리학이 우리 삶에 유용한 학문임에도 불구하고 한문과 용어가 낯설고 어려워서 일반인들이 쉽사리 접근하지 못하고 있다는 것을 알았다. 이 책은 명리학을 심리학적으로 접근하면서 명리학에서 쓰이는 용어를 최대한 일반인들이 이해하기 쉽도록 풀어쓰려고 노력했다.

미흡한 부분이 있지만 자신의 삶을 자기 스스로 만들어나가고자 하는 분들께 조금이나마 도움이 되기를 바라며 이 책을 내어 보낸다.

손예진 올림

심리 명리학

2023년 8월 21일 초판 인쇄
2023년 8월 28일 초판 발행

지은이   손예진
그 림   최아름
디자인   김정미

펴낸이   신원식
펴낸곳   도서출판 중도
          서울 종로구 삼봉로81 두산위브파빌리온 921호
등 록   2007. 2. 7. 제2-4556호
전 화   02-2278-2240

값 : 25,000원

ISBN 979-11-85175-66-9 93180